Edition Rosenberger

Die „Edition Rosenberger" versammelt praxisnahe Werke kompetenter Autoren rund um die Themen Führung, Beratung, Personal- und Unternehmensentwicklung. Alle Werke in der Reihe erschienen ursprünglich im Rosenberger Fachverlag, gegründet von dem Unternehmens- und Führungskräfteberater Dr. Walter Rosenberger, dessen Programm Springer Gabler 2014 übernommen hat.

Marie-Louise Neubeiser

Den Sprung gewagt!

Live-Interviews mit
Führungspersonen aus
Wirtschaft, Politik und Kultur

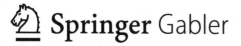

Marie-Louise Neubeiser
Glashütten, Deutschland

Bis 2014 erschien der Titel im Rosenberger Fachverlag, Leonberg.

Edition Rosenberger
ISBN 978-3-658-07871-3   ISBN 978-3-658-07872-0 (eBook)
DOI 10.1007/978-3-658-07872-0

Die Deutsche Nationalbibliothek verzeichnet diese Publikation in der Deutschen Nationalbi-
bliografie; detaillierte bibliografische Daten sind im Internet über http://dnb.d-nb.de abrufbar.

Springer Gabler
© Springer Fachmedien Wiesbaden Nachdruck 2015
Ursprünglich erschienen bei Rosenberger Fachverlag, Leonberg, 2004

Gedruckt auf säurefreiem und chlorfrei gebleichtem Papier

Springer Fachmedien Wiesbaden ist Teil der Fachverlagsgruppe Springer Science+Business Media
(www.springer.com)

Für JM

Inhalt

Vorwort

*„Das Geheimnis des Glücks ist die Freiheit;
das Geheimnis der Freiheit ist der Mut."*

PERIKLES

Schon immer löste „ein Sprung ins Ungewisse" Faszination aus, sei es in der Realität – im Sport, oder in der Fantasie – durch Magie, Kreativität und Spiritualismus.

Das vorliegende Buch geht dieser Faszination nach. Live-Interviews mit Führungspersönlichkeiten aller Disziplinen (Manager, Wissenschaftler, Künstler, Sportler) zeigen die verschiedensten Facetten auf, die zu solch einem „schöpferischen Sprung" führen können.

Mit dem Sprung allein ist es jedoch nicht getan: ein Erfahrungsset aus lebenslangem Lernen, langfristiger persönlicher Veränderung, Geduld, Toleranz und Mut eröffnen die Chance zu einer „weichen Landung" und führen zu individueller Freiheit und persönlicher Authentizität.

Persönliche Beziehungen und berufliche Netzwerke ermöglichen die erfolgreiche Fortschreibung der eigenen Erfahrungen und öffnen den Blick für eine globalisierte Welt mit den verschiedensten wirtschaftlichen und kulturellen Einsichten.

Außer Manager, die ihre Erfahrungen bestätigt haben wollen, möchte ich mit diesem Buch all diejenigen erreichen, die mit Unbewusstem und Kreativität spielerisch umgehen wollen, um mehr Freude an Neuem und Überraschendem zu gewinnen. Souveränität und Gelassenheit sei ihnen gewiss!

Ich möchte meinen Interview-Partnern von Herzen für ihre freundliche Bereitschaft danken und ihre spontanen Gespräche, die mir zu vielerlei Einsichten verhalfen.

Meinem Verleger, Dr. Walter Rosenberger, besonderer Dank, dass er mir die Möglichkeit gab, dieses Buch zu schreiben, das mir seit über zwei Jahren am Herzen lag.

Stuttgart, im Januar 2004
MARIE-LOUISE NEUBEISER

Teil I
Live-Interviews

Es ist eine alte Management-Weisheit, dass Erfolg unmittelbar Erfolg nach sich zieht. Wir sollten allerdings nicht vergessen, dass Erfolg auch die Umsetzung von Wissen in Entscheidungen ist – und zwar personell, situativ und charismatisch.

Unser kreatives Potenzial kommt hierbei meist viel zu wenig zum Tragen, denn wir kennen keine exakte Strategie, diese unerschöpfliche Quelle für uns zu nutzen. Wir benötigen in erster Linie Intuition und Kreativität zum Navigieren – abgesehen von einem stabilen Set von Erfahrungen, das uns innerlich hält.

Im Verlauf unseres Lebens können wir gewollt oder ungewollt – beruflich und/oder privat – in eine Situation des „freien Falles" kommen. Die Fallgeschwindigkeit kann atemberaubend, das Ende ein harter Aufprall oder eine weiche Landung sein, entsprechend unseres Auffangnetzes!

Mit meinen sehr direkten Fragen – immer dieselben an alle Interview-Partner – wollte ich diesen vielfältigen Momenten bewusst nachgehen, in der Hoffnung, zu allgemein gültigen Aussagen zu kommen.

Urteilen Sie selbst – am Ende dieses Buches – ob Sie das eine oder andere in Ihren Alltag, beruflich und privat, übernehmen wollen.

Interviewfragen:

1. Haben Sie sich bewusst – beruflich oder privat – einmal in eine Situation des sog. „freien Falles" hineinbegeben und einen „schöpferischen Sprung" gewagt?

2. Wenn ja, was waren die Gründe hierfür?

3. Wie war der fortlaufende Prozess?

4. Mit welchen Strategien haben Sie gearbeitet?

5. Wie war Ihr Auffangnetz?

6. Haben Sie am sog. „Neuanfang" alte gegen neue Muster ausgetauscht?

7. Wie war am Ende des Prozesses Ihr neues Lebensgefühl?

8. Hatten Sie denselben Prozessverlauf und verwandten Sie dieselben Strategien bei einem „freien Fall" von außen, d. h. einem aufgezwungenen „freien Fall"?

9. Inwieweit konnten Sie in beiden Fällen – falls zutreffend – einen Gewinn für sich verbuchen?

Interview mit Prof. Dr. Lothar Späth, Ministerpräsident a. D., Vorsitzender des Aufsichtsrates der Jenoptik AG, Jena

Herr Dr. Späth, zu meinem Buch haben Sie sicher sehr viel zu sagen, da Sie ja verschiedene Berufskarrieren hinter sich gebracht haben, und meine erste Frage heißt: Haben Sie sich bewusst – beruflich oder privat – einmal in eine Situation des sog. „freien Falles" hineinbegeben? Eines schöpferischen Sprunges, um alte Muster gegen neue auszutauschen?

Ich habe in der Regel einfach Zustände wahrgenommen, ich kann nicht sagen, dass ich mich ganz bewusst in einen freien Fall begeben habe. Aber ich habe mich mehrmals in meinem Leben entweder vor Herausforderungen gefunden, in die ich springen musste – und da war der freie Fall unvermeidlich, oder ich habe beispielsweise bei meinem abrupten Politikwechsel einfach mich im freien Fall in ein völlig anderes Gebiet begeben. D. h. ich habe nicht den freien Fall bewusst herbeigeführt, aber ich habe den Sprung in den freien Fall gemacht nach Abwägung: Kannst Du es riskieren oder nicht?

Also, es war im Grunde genommen doch sehr bewusst dieser kreative schöpferische Sprung. Wie lange haben Sie sich darauf vorbereitet? Sie sagten schon, die Gründe sind die Umstände gewesen, aber Sie haben trotzdem noch eine freie Wahl getroffen.

Richtig, und zwar nicht nur bei meinem Wechsel von der Politik wieder in die Wirtschaft in ein so komplexes Gebiet wie die neuen Bundesländer und den Umbau von Kombinaten in Marktwirtschaftsunternehmen, was ja nun einfach eine Sache war, bei der einem niemand Rat geben konnte, weil niemand so richtig gewusst hat, wie das geht und was da ist. So ging es mir bei früheren Wechseln auch, als ich zum Beispiel in das Parlament ging. Aus meiner kommunalpolitischen Position bin ich immer der Meinung gewesen, ich bleibe entweder in der Kommunalpolitik oder ich gehe wieder in die Wirtschaft. Ich bin dann in meiner Fraktionszeit als Abgeordneter wieder in die Wirtschaft gegangen. Ich habe mir immer vorgenommen, Du machst etwas anderes. Aber wenn dann die Herausforderung kam, habe ich relativ kurz abgewogen – Chancen, Risiken – und habe die Chancen eigentlich immer relativ hoch bewertet. Ich habe mich nicht beeindrucken lassen von den Risiken, die damit verbunden sind.

Sie hatten also schon immer das Potenzial des schöpferischen Sprunges in sich, schon die Jahre vorher und wie der Fall dann eintrat, konnten Sie wirklich springen, wenn ich mich so im Bild ausdrücken darf.

Es war vor allem die Lust am Neuen. Ich bin von Beruf eigentlich Beamter, das nehmen mir die Leute heute kaum noch ab, dass ich ausgebildeter Beamter bin, weil ich eigentlich immer Dinge gemacht habe, die eher in eine andere Richtung, in eine unternehmerische Richtung zeigen. Aber beispielsweise 1976, als mich Filbinger damals gefragt hat, ob ich bereit sei, in die Regierung als Innenminister einzutreten, habe ich gesagt: Nein. Da war meine Neugier gar nicht groß genug, beispielsweise die Unabhängigkeit eines Fraktionsvorsitzenden zusammen mit einer freiberuflichen Tätigkeit gegen ein Staatsamt einzutauschen. Als dann 1977/1978 die Vorgänge in Stammheim waren, die Ermordung von Hanns-Martin Schleyer, entstand eine Situation, bei der das Innenministerium plötzlich eine ganz andere Herausforderung hatte. Plötzlich war das Innenministerium die Schaltstelle für das Thema Innere Sicherheit, Terrorbedrohung und hatte damit eine ganz andere Herausforderung als nur die Landesverwaltung. Hinzu kam noch ein persönlicher Antrieb aus meiner Freundschaft und Verbundenheit zu Hanns-Martin Schleyer. Da habe ich einfach gesagt: Jetzt riskiere ich's. Von einem Tag auf den anderen habe ich das Ministerium übernommen und musste alle anderen Aktivitäten aufgeben, weil das so in der

Verfassung konstruiert ist. Sechs Monate später hat das wieder zur nächsten Entscheidung geführt, nämlich zur Frage: Will ich Ministerpräsident werden oder nicht? Auch da habe ich mich relativ kurzfristig entschlossen, gegen Manfred Rommel zu kandidieren, oder er gegen mich. Wir beide waren die Kandidaten der CDU. Da habe ich mich entschieden: OK, jetzt gehst Du richtig voll in die Politik. Und dann war ich voll in der Politik. Zwölf Jahre später dann die Auseinandersetzung und Kritik an meiner politischen Arbeit oder persönliche Kritik. Da habe ich gesagt: Jetzt hast Du es zwölf Jahre gemacht, jetzt mach doch noch mal was ganz anderes!

Wenn ich kurz nochmals zusammenfassen darf, die Zeit war immer reif und vor allem Ihre Neugierde war groß genug, diesen Sprung zu wagen, ist es richtig, wenn ich dies so formuliere?

Richtig. Und deshalb gibt es auch wenig Felder, mit denen ich mich nicht befasst habe. Beispielsweise habe ich dann zwölf Jahre Jena gemacht. In den letzten Jahren habe ich daneben Fernsehsendungen gemacht oder schreibe jetzt Kolumnen im Handelsblatt, d. h. ich habe mir immer ein breites Feld gesucht. Oder jetzt bei meiner Lehraufgabe in Jena befasse ich mich mit Zeitdiagnostik und mit Medien, also auch wieder ein ganz anderes Feld. Ich gehe nicht dorthin, um mit den Studenten Betriebswirtschaft oder Politik zu diskutieren, sondern uns beschäftigt die Frage, wie sollen zum Beispiel junge Journalisten mit all den Spannungen umgehen, die sich aus den modernen Medien ergeben, aus den technischen Möglichkeiten, aus der Beeinflussung im Medienbereich, Themen, die mich auch unglaublich interessieren. Deshalb habe ich in den letzten zwanzig Jahren auch fast zehn Bücher geschrieben. Ich bin einfach neugierig auf etwas anderes, und was mich am meisten interessiert, sind Menschen und die Kommunikation mit ihnen, ihre Strukturen, ihr Umgang, und wie gesagt auch Herausforderungen in den verschiedensten Bereichen, so dass ich mich selbst schlecht zuordnen kann. Ich

bin Politiker, ich bin aber auch ein Wirtschaftsführer oder
vielleicht ein bisschen Talkmaster und Journalist. Ich bin einfach so, wie ich mir mein Leben vorstelle, und so gestalte ich
es mir mit einem, wenn Sie so wollen, hohen Risiko, aber
auch der Befriedigung, dass es mir keine Minute langweilig
wird im Leben.

*Also der Lustgewinn war größer als die Risikobefangenheit
und die Neugierde war eigentlich immer der treibende Faktor. Aber wenn ich jetzt zum Management zurückkomme
und zu Managementpraktiken, weil es ja ein Management-
buch werden soll, das ich schreibe: Was würden Sie sagen, mit
welchen Strategien haben Sie gearbeitet? Abgesehen von Ihrer persönlichen Neugier und Ihren persönlichen breit ange-
legten Potenzialen?*

Zunächst bin ich ein sehr analytischer Mensch, was man gar
nicht vermutet bei jemand, der auch so stark emotional geprägt ist wie ich. Bei mir steht am Anfang immer: Ich muss
alles wissen, was im Moment über eine Situation ermittelbar
ist. Das ist nie genug, aber das was ich rechnen kann, das will
ich rechnen und einschätzen, bevor ich es glaube, dass es so
ist. Ich habe eine ganz stark analytische Ader und oft wun-
dern sich die Leute, wenn ich in einen Betrieb komme, wie viel
ich an Details wissen will, einfach um ein Bild zu haben. Viele Manager glauben, eine guter Manager sei der, der zwar das
Detail nicht kennt, aber irgendwo die richtigen Entscheidungen herbringt. 1. Punkt: Ohne eine detaillierte Analyse einer
Situation ist die Gefahr von Managementfehlern gewaltig. 2.
Punkt: Entscheiden tue ich immer aus einer Mischung von
Daten, und dann kommt aber der Bauch dazu, d. h. ich be-
schäftige mich ganz lange mit meiner Einstellung zu dem Problem und versuche bei mir zu erfühlen, ob eine Entscheidung
nur aus den Fakten getroffen werden kann oder was dazu
kommen muss.

Darf ich dazwischen fragen, angenommen, Sie haben eine gewisse Zeitvorgabe, also Sie sind zeitlich unter Druck, wie ist es dann mit Ihrer Analyse und mit Ihrem Bauchgefühl? Wie schnell können Sie eine Situation erfassen aufgrund der Daten oder wie schnell wird Ihnen zugearbeitet, im Zweifelsfall unter Umständen auch gar nicht, und wie schnell können Sie dann entscheiden? Meines Erachtens nach müssen Sie sehr rasch sein.

Entscheiden kann ich ganz schnell, und wenn ich weiß, wie schnell ich entscheiden muss, dann ergibt sich automatisch auch eine beschränkte Zeitspanne für die Analyse. Dann muss ich mir das holen, was ich mir in der kurzen Zeit holen kann. Aber das hole ich mir alles. Ich sage nicht: Die Sache eilt, jetzt fange ich nicht an zu rechnen, also ich treffe keine Entscheidungen nur aus dem Bauch.

Sie treffen also im Grunde genommen die Entscheidungen aus Ihren gemachten Erfahrungen, denn sonst würde dies ja nicht so schnell gehen. Meine weitere Frage wäre, wie ist Ihr Auffangnetz? Sind das Ihre Erfahrungen aus dem Verlauf Ihres Lebens? Beziehungserfahrungen und natürlich Berufserfahrungen?

Also bei der Frage Analyse reden wir nur über Technik. Wir leben in einer Zeit, in der unglaublich viele Daten zur Verfügung stehen, einfach aus den technischen Möglichkeiten. Wenn Sie Erfahrung haben, wie man Daten vergleicht, abfragt, und daraus richtige Schlüsse zieht, dann kommt Ihnen natürlich eine lebenslange Erfahrung in der Analyse von Bilanzen, von Fakten, von Zusammenhängen, von Umgebungswissen zugute, d. h. Sie können aus einem bescheidenen Datenmaterial mehr herausholen als jemand, der sich nicht routiniert mit diesen Dingen befassen kann. Das ist das eine. Das zweite ist, ich schaue mir immer gleich die Menschen an, mit denen ich etwas machen muss. Wenn ich das Gefühl habe, mit denen kann ich, die kann ich motivieren, die kann ich

in die richtige Richtung bringen, dann mache ich einen ganz
großen Abschlag bei der Frage der Analyse, d. h. dann brauche ich nicht so tief analysieren. Ich muss ja auch den Menschen vertrauen, da ist ein Restrisiko, mit dem müssen Sie einfach leben. Aber wenn Sie Menschen schnell in eine Vertrau-
ensposition bringen und sie motivieren können, sie antreiben
können, ihnen auch zeigen, wie schnell man ein Ruder rum-
reißt, dann können Sie auch eine ganze Menge durch die Dynamik, die dabei entsteht, gewinnen. Das ist natürlich auch
wieder ein Risiko. Ich kam z. B. nach Jena, hatte 27.000 Mitarbeiter und wusste, dass ich in den nächsten vier Monaten
16.000 entlassen muss.

*Wie motivieren Sie die Menschen aufgrund Ihrer - da ich Sie
ja schon einige Jahre kenne, würde ich sagen - Spontaneität
und Ihres Einfühlungsvermögens, um nicht zu sagen Empathie? Sie schätzen die Menschen richtig ein, tragen ihnen im
Moment das Richtige vor und holen die Menschen richtig ab?*

Das ist sicher eine Stärke, die auch Veranlagung ist, ob man
Menschen für sich einnehmen, und ob man sie für sich gewinnen kann. Das ist natürlich auch ein hohes Risiko, denn
das heißt, die Menschen vertrauen Ihnen und nichts ist für einen Menschen gefährlicher, wie wenn solches Vertrauen verletzt wird. Das war beispielsweise in Jena das absolute Risiko, dass ich da rein musste, in eine Firma, 60 Prozent der Be-
legschaft entlassen, und mich danach hinstellte und sagte, das
bauen wir alles wieder auf. Gleichzeitig haben die Leute gefragt: Was machst du mit den leeren Gebäuden? Was willst
du produzieren? Und in vielen Bereichen wusste ich das auch
noch nicht. Ich konnte den Leuten nur sagen, ich gehe mit
euch durch dick und dünn und ich haue nicht ab, wie viele,
die kommen, gute Ratschläge geben und dann wieder weg
sind. Ich habe gesagt, ich bleibe da, bis Jena auf gutem Weg
ist. Jetzt nach zwölf Jahren sagen die Leute, er hat gemacht,
was er versprochen hat. Natürlich war am Anfang unglaublich viel Misstrauen, da kommt einer daher, reißt die halbe

Stadt ab, sagt wir machen fünfzig neue Firmen, die siedeln wir an, und aus unserem Betrieb machen wir eine völlig neue Technologiefirma. Keiner konnte sich vorstellen, wie das geht. Ich am Anfang auch nicht. Ich wusste nur, ich brauche ein paar gute Leute und dann fangen wir richtig an, und dann haben wir jeden Tag die Leute motiviert, wir haben Tag und Nacht gearbeitet. Für die Leute war es das Gefühl, der geht mit zum Erfolg oder der geht mit unter. Keinesfalls wird der sich absetzen, wenn es kritisch wird.

Ich glaube, dieses Vertrauen zu schaffen ist eine ganz wichtige Managementfähigkeit. Dies ist eigentlich nicht managen, sondern das ist Leadership. Manche verwechseln Management und Leadership und glauben, wenn sie eine Sache ordentlich managen, das sei schon genug. Leadership ist mehr. Managen können Sie lernen, für Leadership brauchen Sie eine Veranlagung.

Sie setzen sich zu 150 Prozent ein und übernehmen auf 150 Prozent die Verantwortung.

Das ist Mindestbedingung. Darüber hinaus müssen die Leute das Gefühl haben, der macht das nicht nur, sondern der hat eine große Fähigkeit, das auch zu verwirklichen. Die Leute wollen immer bei den „Winners" sein. Dann engagieren sie sich auch.

Jetzt noch eine persönliche Frage, Herr Dr. Späth, Sie hatten sicher auch während dieses Prozesses nicht nur Win-win-Erlebnisse, sondern mussten sich selbst motivieren, oder wussten in einer ruhigen Stunde selbst nicht mehr, wie es jetzt weitergeht. Mit welchen Mitteln haben Sie gearbeitet? Wie haben Sie sich mental wieder auf Vordermann gebracht? Wenn ich mich so ausdrücken darf?

Ich habe in solchen Fällen immer die Gewohnheit, sehr intensiv mit allen Leuten die Dinge zu analysieren, damit sie das

Gefühl haben, wir sind jetzt alle auf dem gleichen Stand. Dann brauche ich eine Ruhepause für mich, wo ich mich mit mir beschäftigen will, unter dem Aspekt: Kannst Du es, schaffst Du es, auch eine solche Krise durchzustehen, ohne selber unsicher zu werden? Sie können ja nicht die Leute motivieren und dann plötzlich selber unsicher werden. Das spüren die Leute. Da müssen Sie bis an die Grenze der Selbstverleugnung gehen.

Ich habe vor wenigen Tagen beim Jahresempfang der Jenoptik in Jena gesagt: Ich mache jetzt ein Geständnis: Als ich vor zehn Jahren hier stand, habe ich gesagt, die Stimmung ist gut. Ich wusste, dass sie nicht gut ist, sondern beschissen. Und meine war auch beschissen. Ich habe nur eines gewusst, wenn ich jetzt den Leuten auch noch sage, die Lage ist beschissen, dann kriegen wir gar nichts mehr hin. Also musste ich mich disziplinieren und sagen: „Die Stimmung ist gut und wir gehen da durch."

Und wie haben Sie sich dann selbst aufgefangen? Wie haben Sie Ihr eigenes Netz vorbereitet, sich wieder motiviert, dass Sie wissen, es geht weiter? Mit welchen mentalen Fähigkeiten gehen Sie da um?

Ich schalte einfach ab, d. h. egal ob ich im Auto sitze oder in irgendeinem Flugzeug, oder ob ich zuhause mich einfach in eine Ecke setze und versuche, meine Situation nochmals zu durchdenken. Dann bin ich jemand, der sehr schnell abwägt, da ist eine Chance oder hier ist eine Chance drin, und wenn ich die Summe dieser Chancen nehme, dann kann das doch zu bewältigen sein. Wenn ich das alles getan habe, dann habe ich auch noch ein Stück Gottvertrauen, dass es funktioniert.

Sie haben ein sogenanntes Urvertrauen? In sich selbst und in die Möglichkeiten und Sie wissen auch, dass Sie auf jede Situation flexibel reagieren und dass jede Situation Plus und

Minus hat, und Sie wissen das Plus auszuloten. Diese Fähigkeit haben Sie und wissen auch, dass Sie das können, selbst wenn es noch so schlecht ist, dann werden Sie irgendwo noch eine Ecke finden, wo Sie sagen, da läuft es.

Richtig! Und daher hat man auch die innere Gefühlslage, der Liebe Gott wird Dich nicht im Stich lassen, wenn Du überall das Beste machst. Das gehört auch zu einem Stück Grundglauben.

Wie ist am Ende des Prozesses, jetzt zum Beispiel nach zwölf Jahren Jena, Ihr heutiges Lebensgefühl? Wenn Sie sich zu damals vergleichen: Haben Sie Ihre Muster komplett ausgetauscht? Wie geht es jetzt weiter?

Ich freue mich jetzt unglaublich, all das, was ich an Erfahrungen gesammelt habe, in Politik, in großen Unternehmen, im Ostaufbau, bei vielen Mittelständlern, die ich berate, oder wo ich in Aufsichtsgremien sitze, auch im internationalen Geschäft in Zukunft umzusetzen. Ich freue mich jetzt, so eine Situation zu haben, wo ich nicht jeden Morgen irgendein aktuelles Problem habe, weil es gerade brennt im Betrieb oder in der Politik, sondern aufzustehen und zu sagen, lasst diese Aufgeregtheiten. Ich kümmere mich jetzt um das, was ich kann, nämlich Leuten Rat zu geben, Vorschläge zu machen, auch ein Stück zu kontrollieren und ganz einfach auch solche Erfahrungen einmal in wirtschaftliche Tätigkeiten umzusetzen, und zum anderen als Aufsichtsrat einer Reihe von Unternehmen oder als Beirat. Und dann will ich vor allem auch jungen Unternehmen helfen. Aber auch in Stiftungen und gemeinnützigen Dingen werde ich alles verwerten, was man an Lebenserfahrung einbringt. Ich bin z. B. einer der schlimmsten Spendensammler für alle gemeinnützigen Dinge. Man hat dann natürlich auch eine andere Ansprache an Leute aus der Wirtschaft, wenn man selber aus ihrer Denkweise kommt, dann kann man sie auch davon überzeugen, ein Stück weit etwas besonderes zu tun für eine soziale Geschichte, für eine

Kunstgeschichte, für eine Kulturgeschichte, und deshalb arbeite ich auch in vielen Stiftungen und Organisationen. Das ist eine Aufgabe, auf die ich mich wahnsinnig freue, da kann man alles, was man an Erfahrung im Leben angesammelt hat für vernünftige Ziele umsetzen. Es gibt ja nicht nur Ökonomie, sondern ich bin auch jemand, der die Kunst sehr liebt. Ich kann mich auch mal dem Traum der Bilder oder der Musik hingeben und schöpfe da auch sehr stark Kräfte. Ich sage: Leute, die sich nicht mit Träumen, mit Kreativität, Kunst und kulturellen Fragen befassen können und nicht auch über die Zeit hinaus nachdenklich sind, bringen die emotionale Kraft nicht auf, um wirklich schwierige Dinge zu bewältigen.

Ihr neuer Lebensprozess wäre jetzt der, dass Sie nur noch Ihren Fähigkeiten und Ihren Wünschen gemäß leben? – Ein freier Fall oder schöpferischer Sprung ist nicht mehr drin, stimmt das?

Außer es kommt eine Gelegenheit, wo ich einfach sagen muss, das ist wieder so spannend, dann würde ich es bestimmt wieder wagen.

Können Sie sich das vorstellen?

Ich kann es bei meinem Naturell nicht ausschließen.

Recht herzlichen Dank, Herr Prof. Späth, für das vertrauensvolle Gespräch!

Interview mit Dr. Walter Rosenberger

Herr Dr. Rosenberger, meine erste Frage lautet: Haben Sie sich bewusst beruflich oder privat einmal in eine Situation des sogenannten freien Falles, sprich eines schöpferischen Sprungs, hineinbegeben? Sozusagen alte Muster verlassen, um neue Erfahrungen zu machen?

Ich habe schon mehrere solcher Sprünge in neue Erfahrungen gemacht. Interessanterweise waren diese jeweils in einem Abstand von sechs oder sieben Jahren. Begonnen hat es, dass ich nach sechs Jahren Lehre und Ausbildung unbedingt studieren wollte. Da ich kein Abitur hatte, musste ich eine Sonderreifeprüfung machen, dann konnte ich studieren. Doch nach weiteren sechs/sieben Jahren bin ich mit dem vorhandenen Know-how in die Industrie gesprungen. Dort habe ich eine sog. Industriekarriere gemacht und sprang nach weiteren sechs/sieben Jahren in den Vertrieb hinein und später in die Selbstständigkeit.

Darf ich fragen: Was waren die Gründe? Sie wollten einfach nach vorne und wieder etwas Neues in Ihr Leben bringen? Oder wie würden Sie die Kurzdefinition dieser Sprünge definieren?

Es ist zunächst – rückwärts betrachtet – wohl eine Unzufriedenheit mit der jeweiligen momentanen Situation gewesen, die mich veranlasst hat, jeweils neue Sprünge zu machen. Dann kommt ein „Handicap" hinzu, dass ich mehrere Begabungen habe, die mehr oder weniger deutlich entwickelt sind, so dass immer wieder solche Kreativschübe kommen: Könnte man nicht *das* machen oder könnte ich nicht *das* machen – *dies* wäre jetzt gut – *das* würde doch sicher am Markt gebraucht und ähnliches.

Ja, wie würden Sie den fortlaufenden Prozess ihrer mehrfachen Sprünge bezeichnen? Haben Sie sich stetig nach vorne

bewegt oder ging der Prozess auch mal nach hinten, so dass
Sie sich neu motivieren mussten? Damit wären wir gleich bei
der vierten Frage: Mit welchen Strategien haben Sie gearbei-
tet, um diesen Prozess am Laufen zu halten – den Prozess der
kreativen Sprünge?

Es war nicht alles so 100-prozentig geplant; beispielsweise
war der Sprung von der Pädagogik, Psychologie und Soziologie hinein in die Industrie vor einigen Jahren nicht so geplant. Ich hatte die Sorge, dass ich verbeamtet werde und als
pädagogischer Sachbearbeiter in irgendeiner Schule ver-
gammle. Da war die Idee, alles was ich bisher gelernt und studiert hatte, zusammenzufassen, um mit Menschen zu arbeiten. Das hat dann allerdings doch noch vier bis fünf Jahre gedauert, bis ich das dann wirklich tun konnte. Aber ich hab's
auf jeden Fall getan, freilich war das mehr oder weniger un-
geplant. Eher geplant war das Thema Vertriebsarbeit und die
sich anschließende Arbeit mit über 150 Verkäufern, die ich
zum Erfolg im Vertrieb geführt habe – ja, das war schon eher
geplant. Und weiter geplant war der Sprung in die Selbstständigkeit. Deshalb geplant – das ist ein Langzeitprozess –
das kann man nicht von heute auf morgen beschließen.

Sie haben also faktisch Ihre fortlaufenden Erfahrungen ge-
bündelt und Ihr Wissen, um dann einen neuen Sprung zu wa-
gen. Sie hatten auch genau gewusst, „das schaffe ich", denn
Ihre innere Stimme sagte Ihnen, die Erfahrung und auch das
Umfeld lassen das zu?

Also das mit dem Thema „das schaffe ich", war leider nicht
so; es kommt von einer anderen Seite her. Man kann vielleicht
so sagen: Je mehr einer ist, desto mehr muss er tun. Das heißt
im Einzelnen: Ich habe eine Ausbildung in Klavier und Kir-
chenorgel. Das kann man entweder links liegen lassen oder
man muss es tun. Dann habe ich eine Ausbildung als Kauf-
mann; das kann man entweder liegen lassen oder man muss
es tun. Dann habe ich eine Ausbildung in beratender Psycho-

logie – auch das kann man liegen lassen oder muss man tun. Das heißt schließlich: Ich bin immer der Inhaber von sechs bis sieben Hüten gewesen, die mich immer nach vorne getrieben haben.

Dann haben Sie je nach Situation und je nach Lust und Laune einen Hut hervorgezaubert und haben Ihr Talent fortgetrieben, wenn ich mich so ausdrücken darf?

Ich glaube, es ist etwas anderes. Ich bin auf der permanenten Suche nach Deckungsgleichheit zwischen Mensch-Person, Berufs-Person und Privat-Person. Ich versuche – wenn ich das bis zu meinem 100. Geburtstag erreiche, dann hätte ich was hingekriegt – die Deckungsgleichheit zwischen dem, was ich bin und dem, was ich tue. Das ist nach meiner Meinung mein Antreiber.

Und welche Strategien nehmen Sie für dieses Potenzial? Denn Sie haben ja sehr viel Potenzial und können nicht gleichzeitig alle Potenziale abdecken. Ich würde sagen, das ist immer je ein Lebensabschnitt und wenn ich so sagen darf, haben Sie deswegen auch immer wieder nach sieben Jahren einen Sprung gemacht, weil Sie sich neu entdeckt haben, neu entfaltet und das hat Sie weitergetragen.

Wir waren stehen geblieben, dass Sie verschiedene Lebensprozesse hatten und entsprechend dieser Lebensphasen dann auch gehandelt und Ihre Talente eingesetzt haben.

Das mit den Talenten ist vielleicht etwas, was im Hintergrund ist, also Dinge, die in einem drin sind. Ansonsten habe ich immer wieder heftig dazulernen müssen; bei der Neupositionierung besonders. Als Beispiel: Ich habe als sogenannter Unternehmenstrainer sehr früh gespürt, dass das ganze Thema Training keinen Sinn hat, wenn die unternehmerischen Ziele nicht definiert sind. Was bedeutet das? Ich musste völlig neue Instrumentarien suchen, weltweit suchen, um zu erforschen, wann ist Training sinnvoll – wann ist ein Mitarbeiter-Training sinnvoll und wann ist es sinnlos. Das bedeutet fast immer von vorne anfangen, nach Literatur suchen zum Thema Unternehmensstrategien, zu Turn around-Strategien, zu Fusionsstrategien und ähnlichem, um einen Weg zu finden, damit Unternehmen und Mitarbeiter vorankommen. Es gibt zu wenig Literatur zu dem Thema, also ist es ein permanentes Studium, Studium, Studium. Das ist ein großer Teil meines Lebens - studieren.

Also – lebenslanges Lernen ist sozusagen Ihre Hauptaufgabe. Aber Sie sagten vorher, Sie versuchen für sich selbst die Deckungsgleichheiten Ihrer verschiedenen Talente und Ihr Berufsleben, Ihr Privatleben und das Ihrer Mitarbeiter. Meiner Meinung nach ist das gar nicht notwendig. Ich würde sagen, je nach Situation ist das eine mit dem anderen deckungsgleich – es muss aber und kann auch gar nicht immer deckungsgleich sein, sonst wären Sie ja faktisch Gott.

(Lacht) Genau an der Stelle möchte ich weitermachen – das hat mit Gott überhaupt nichts zu tun. Aber ich habe einfach den Drang in mir, dass ich das lebe, was ich anderen zu leben vorgebe, dass ich also eine Deckungsgleichheit zwischen dem haben muss oder möchte, was ich predige oder was ich in meinen Beratungsmandaten sage und dem, was ich lebe und tue. Das halte ich für eine Notwendigkeit, die es auf der Welt nicht so oft gibt.

Aber man muss das ja auch differenziert sehen, denn man kann nicht immer so sein, wie man ist. Es kommt ja auch auf die Situation an, in die Sie gestellt sind und auf die Umstände, denn wenn ich in jeder Situation so bin, wie ich wirklich bin, kann ich ganz tief fallen. Und das würde ich dann nicht als schöpferischen Sprung ansehen.

Das trifft tatsächlich zu. Wenn man versucht, so zu leben und zu arbeiten, wie ich es momentan tue, sind die Höhen und die Tiefen relativ eng beieinander.

Gut – jetzt sind wir bei einer weiteren Frage. Wie ist jetzt Ihr Auffangnetz? Wie fangen Sie diese Höhen und Tiefen persönlich auf, damit Sie sich weiter motivieren und im Grunde genommen authentisch sind?

Auch wenn es eigenartig klingt: Ich hole mir sehr viel aus der Arbeit, das heißt, die Tiefen spornen mich an, Neues zu suchen und dann hole ich Kraft aus der Musik – ich kann ja mal zwischendurch Klavier spielen. Aber ich glaube, ich hole dann wieder Kraft aus mir selber. Manchmal frage ich mich, woher die Kraft kommt.

Wie ist Ihre Eigenmotivation? Wie würden Sie die benennen? Wenn ich mir ein Urteil erlauben darf, würde ich sagen, Sie haben im Verlauf Ihres Lebens gesehen, dass Sie immer wieder nach oben gekommen sind, sozusagen wie ein Jo-Jo-Effekt, und dieses Wissen lässt Sie dann auch weiterleben und weiter arbeiten.

Auf den Punkt genau kann ich es nicht bringen. Es gibt so ein paar Aussagen von anderen Menschen, die sagen, Erfolg sei „einmal mehr aufzustehen, als man hingefallen ist." Das könnte so sein, oder aber, dass irgendwo für mich – ich weiß das noch nicht – ein Stern leuchtet, den ich immer wieder sehe oder ein Leuchtturm da steht, den ich immer wieder sehe oder erfühle, so dass ich auch bei hohen Wellen, Meereswogen immer noch nicht ins Verzweifeln komme, wenn mal etwas nicht so klappt, wie ich mir das ersehne.

Das wäre eine mentale Fähigkeit, das ist die sogenannte Visualisierung: Sie haben ein Bild vor sich und Sie wissen, das ist mein Anker?

Da kann ich ganz genau sagen, ich habe konkrete Bilder, beispielsweise was den Fachverlag angeht, wie es sein könnte. Ein richtiges Bild, wie ein Ölgemälde. Ich habe auch Bilder, wenn ich ein Beratungsmandat übernehme, wie dieses beratene Unternehmen sein, wie es sich nach außen zeigen könnte. Ich denke, dass mich das visionär immer antreibt, jetzt diese Bilder zu realisieren, die ich im Kopf habe, und das möglichst mit den Leuten und nicht gegen sie – was ja sehr wichtig ist bei Mandaten – zu erarbeiten.

Und wie vermitteln Sie Ihre Bilder, so dass sie auch für den anderen nachvollziehbar sind, bei Ihrer Beratungstätigkeit? Denn es ist ja erfahrungsgemäß so – man arbeitet in der Beratung sehr viel mit Bildern, weil diese sehr viel ausdrucksvoller sind als Worte. Sie gehen sofort ein, aber sie müssen dann auch eine gute Vermittlung in der Sprache hierfür haben, denn anders können Sie Bilder ja nicht vermitteln.

Ja, oder aber in der Weise, dass ich meine Idee des Bildes teile, indem ich Menschen auffordere, sich selber ein Bild zu machen über die Zukunft ihres Unternehmens. In Beratungsmandaten kann man dann erleben, wie sechs, sieben oder acht gestandene Führungskräfte ein Bild über 2 x 1 Meter über die Zukunft ihres Unternehmens „malen", mit drei, vier Farben, miteinander kreativ sind und dann am Ende sagen, da wollen wir hin im Jahr 200 x. Da sollte die Firma stehen. Und das Verrückte ist, dass das, was diese Menschen da miteinander malen, oft schon nach zwei, drei Jahren realisiert wird.

Können Sie denn diese gemalten Bilder der anderen, ihrer Mandanten auch sofort erfassen oder sind sie sozusagen für Sie erklärungsbedürftig?

Nein ich kann das erfassen, denn es betrifft eben die zehn bis zwölf Aspekte unternehmerischen Handelns, vom Vertrieb über Unternehmensstruktur und Organisation, von der Leistungserstellung über die Mitarbeiterzufriedenheit bis zum wirtschaftlichen Handeln usw.

Dann ist Ihre Strategie weitgehend die Visualisierung, und zwar die mentale Visualisierung für sich selbst. Ferner leiten

Sie die anderen an zu visualisieren, um sozusagen dieses Bild als Zielvorgabe ständig im Prozess vor sich zu haben?

Ja, ich erinnere mich jetzt ganz konkret an einen Aufsichtsratsvorsitzenden, der aus einer Zielergebnis-Strategiesitzung aus dem Jahr 1994 sich ein Blatt hat künstlerisch einrahmen lassen. Das hängt über seinem Schreibtisch. Darauf liest man die Ziel- und Strategieformulierung für sein – übrigens europaweit bekanntes – Unternehmen.

Und wie sieht dieses Bild aus? Können Sie mir das bitte erklären, denn ich bin neugierig?

Das Bild zeigt die Kernkompetenzen dieses Unternehmens und die wesentlichen Begriffe zur Kernkompetenz.

Und welche Farben?

Es sind insgesamt nur vier Farben in Anwendung gekommen – schwarz, rot, grün und blau – das sind die typischen Moderationsfarben, die von Beratern eingesetzt werden.

Herr Dr. Rosenberger, jetzt noch eine persönliche Frage an Sie: Wie sieht Ihr Lebensbild aus, das Sie sich über den Schreibtisch hängen wollten?

Mein Lebensbild hat sechs Aspekte, die ich übrigens immer mit mir führe – Sekunde bitte. Das Lebensbild sieht so aus, dass ich mich 1. als Teil der Familie sehe, dann sehe ich mich 2. als Organist in einer Domkirche, dann 3. als Verleger von Büchern, die über die Zeit hinaus für Berater und Führungskräfte von Nutzen sind. Dann sehe ich mich – ganz typisch seit frühester Kindheit – 4. als Berater anderer Leute, der Nutzen stiften möchte und der immer besorgt ist, dass es anderen besser geht. Schließlich sehe ich mich 5. punktuell als Autor, der die eine oder andere Erfahrung zusammenträgt. Sie wissen ja, dass ich bislang drei Bücher und über 70 Artikel geschrieben habe, und dann sehe ich mich 6. ganz nebenbei noch als Chef von einigen engagierten Mitarbeitern, die ich auch nicht enttäuschen möchte.

Wie sieht Ihre Freizeit aus?

In der Freizeit spiele ich furchtbar schlecht, aber mit größter Begeisterung Golf. Das ist übrigens ein Sport, bei dem man nie auslernt. Dann mache ich Musik, schwimme, wann immer möglich, fahre mit dem Fahrrad – eben was man körperlich so tut, aber wahrscheinlich tun wir alle davon etwas zu wenig.

Ich würde sagen, Sie müssen mindestens 100 Jahre alt werden, damit sich Ihr Bild, was Sie im Herzen tragen, auch wirklich authentisch erfüllt. Vielen Dank für das Interview, Herr Dr. Rosenberger.

Interview mit Prof. Dr. h. c. Reinhold Würth

Haben Sie sich bewusst – beruflich oder privat – einmal in eine Situation des sogenannten „freien Falles" hineinbegeben? Sozusagen alte Muster verlassen?

Über 53 Berufsjahre kann ich mich nicht erinnern, mich einmal im freien Fall befunden zu haben. Selbstverständlich bedarf unternehmerisches Tun täglich neuer Ideen, der Veränderung, Anpassung und Neukonzeption. All dies bedeutet das Ausloten von Grenzregionen unter kalkuliertem Risiko. Freier Fall kann nur Scharlatanerie oder größter anzunehmender Unfall bedeuten.

Wenn ja, was waren die Gründe hierfür?

Die Frage lässt sich aus 1. beantworten.

Wie war der fortlaufende Prozess?

In Unsicherheitszenarien heißt es zunächst Ruhe zu bewahren und Chancen und Risiken abzuwägen, die vorhandenen Kräfte und Ressourcen zu sortieren, um anschließend mit einer oder mehreren sinnvollen Entscheidungen und Aktionen den Unsicherheitsprozess zu beenden.

Mit welchen Strategien haben Sie gearbeitet?

Seit 40 Jahren bin ich Pilot mit ATPL-Lizenz und 4.300 Flugstunden in Command. Als Pilot ist tägliches Brot sozusagen nicht in einen Sack hinein zu fliegen, man wird trainiert, lebensrettende Optionalentscheidungen vorzubereiten – im Geschäftsleben ist dies überhaupt nicht anders.

Wie war Ihr Auffangnetz?

Das Auffangnetz im Beruf hieß: Wachstum ohne Gewinn ist tödlich!

Haben Sie am sogenannten „Neuanfang" alte gegen neue Muster ausgetauscht?

Wenn man mit 14 Jahren als Stift in einem Betrieb anfängt und 53 Jahre später in der Aufgabe als Beiratsvorsitzender immer noch für das gleiche Unternehmen und seine heute 39.500 Mitarbeiter wirkt, dann ist dies ein Kontinuum ohne Neuanfang, jedoch mit täglich neuem Beginnen.

Wie war am Ende des Prozesses Ihr neues Lebensgefühl?

Das weiß ich noch nicht, wenn ein erfolgreiches Jahr beendet wurde, ist das Lebensgefühl immer das Gleiche – Freude und Dankbarkeit.

Hatten Sie denselben Prozessablauf und Strategien bei einem aufgezwungenen „freien Fall" von außen? Inwieweit konnten Sie in beiden Fällen – falls zutreffend – einen Gewinn für sich verbuchen?

Aufgrund des vorher Gesagten ist eine Kommentierung kaum möglich.

Interview mit Abt Dr. Daniel Schönbächler, Dissentis, CH

Abt Dr. Schönbächler, Sie haben sehr viel berufliche Erfahrungen, auch seelsorgerlich mit Menschen, so dass sie mir zu meinem Thema sicher einiges sagen können. Meine erste Frage wäre: Haben Sie bewusst Menschen erlebt, die sich in einen sog. freien Fall hineinbegeben, sprich einen schöpferischen Sprung gemacht haben, um ihre alten Muster zu verlassen und neue Kreativpotenziale zu bekommen?

Ja, solche Menschen gibt es sicher. Irgendwie gehöre ich auch dazu. Das was ich heute mache, das hätte ich vor zwanzig Jahren nicht gemacht. Im biblischen Sprachgebrauch heißt es mit Recht, es gibt das völlig Unerwartete, Unberechenbare, das Einbrechen eines Vertikalen, die eine Geschichte inszeniert, das hebräische Wort „Hesset", d. h. das schwächliche Mithul, das ist ein Knabe, das ist ein Einbruch eines Auftrags, so wie es bei der Taufe Jesu heißt: der Himmel tat sich auf und eine Stimme kommt. Eine Vorstellung; die immer näher kommt und Gestalt annimmt und Dich dann auf die Reise schickt – eine Reise auf Zeit.

Wenn ich jetzt bei Ihrer Person bleiben darf, wären Sie bereit mir zu sagen, was das bei Ihnen ausgelöst hat und warum die Zeit dafür gekommen war, diesen neuen Weg zu gehen, den sog. schöpferischen Sprung in neue Lebensmuster, Beziehungen zu wagen?

Es gab verschiedene solche Sprünge, einer ist sicher, dass ich überhaupt in das Kloster gegangen bin. Das ist etwas, was nicht selbstverständlich war, wo ich mich eigentlich auch erst dagegen gesträubt habe. Ich habe Ausschau gehalten, was kann ich machen. Ich habe eher an einen technischen Beruf gedacht, aber irgendwo hatte ich einen Wurzelantrieb: „das ist Dein Weg". Und irgendwann, ich weiß selber nicht wie, habe ich das erkundet. Ein zweiter solcher Sprung war der jetzige Beginn dieser Erwachsenenarbeit. Eigentlich kam dies

über Rhetoriktraining. Ich habe gemerkt, Rhetorik kann man
nicht im Kehlkopf korrigieren, das ist immer tiefer, und so bin
ich auf die psychologische Arbeit gekommen und von dort
auch in die therapeutische. Das hätte ich mir früher nicht
träumen lassen. Irgendwo habe ich dann einer Meisterin von
mir gesagt: „Du, ich habe jemanden für Dich", und sie sagte: „Mach das doch selber!" „Was, ich selber?" „Ja, mache
du Supervision." Man wird von außen in Beschlag genommen und dann geht es und es tut sich ein Horizont auf!

*Aber es war sozusagen doch freiwillig, ein selbstbestimmter
freier Sprung in beiden Fällen. Sie sind freiwillig ins Kloster
gegangen und haben vor fünfzehn Jahren die Erwachsenen-
bildung angefangen. Wie war jetzt ihr persönlicher fortlau-
fender Prozess mit dem Umgang der neuen Lebens- und Lern-
muster?*

Wissen Sie, wir müssen sehr vorsichtig sein mit „freiwillig".
Natürlich, ich glaube einfach, die menschliche Existenz ist paradox. Freiwillig ist nur die eine Seite der Wahrheit; unver-
fügbar von mir aus gesehen, in Beschlag genommen werden,
ist die andere Wahrheit. „Zwei und zwei gibt fünf", ist falsch;
„zwei und zwei gibt vier", ist nie wahr, sondern immer nur
richtig. Die Wahrheit kann paradox sein, sowohl als auch. Sowohl mein freier Entschluss wie dieses morphogenetische
Feld, von dem ich heute erzählt habe. Da gehe ich halt dann
mit, da werde ich in Beschlag genommen. Beides zusammen
macht erst den persönlichen Weg aus.

*Und was hat jetzt eben dieser Weg bei Ihnen persönlich und
bei diesen Menschen ausgelöst, die Sie auf diesem Weg begleitet haben?*

Bei mir hat das einen langen Prozess ausgelöst, des immer
wieder Mitspielens und immer wieder Zweifelns und immer
wieder doch Erprobens und immer wieder doch Ja-Sagens, also eher, manchmal möchte ich sagen, „nicht ich lebe, sondern

ich werde gelebt." Es zieht mich weiter, obwohl ich einer bin, der sich sehr genau Rechenschaft gibt über die einzelnen Schritte, aber ich weiß, es gibt viele Schritte, die ich nicht selber machen kann, da werde ich mitgenommen und so erlebe ich das bei den anderen Menschen auch, vor allem im therapeutischen Bereich. Da kann plötzlich so ein Durchbruchserlebnis entstehen, das nachher aber wieder eingeholt werden muss durch Zweifeln und Bewahrheitung ...

Wenn ich Sie jetzt richtig interpretiere, also, der Weg, der fortlaufende Prozess ist nicht einfach, er ist problematisch. Sie sagen: „Ich werde gelebt", also könnte man auch sagen, es ist ein gewisses Auffangnetz, das Sie in sich haben und das Ihre Umwelt Ihnen auch bietet, also sprich, ein Auffangnetz der Erfahrungen, die Sie bereits schon verarbeitet haben und die Sie jetzt auch tragen lassen.

Natürlich lebe ich aus den bisher gemachten Erfahrungen. Die reichern sich immer mehr an. Ich erlange immer mehr eine souveräne Fähigkeit, etwas Neues einzuordnen. Das ist meine Art zu leben als Kopfmensch. Ich muss die Fakten einordnen können. Ob das ein Auffangnetz ist, das weiß ich gar nicht. Ich fühle mich oft nicht so geborgen oder so aufgefangen, sondern sehr exponiert. Auch das ist ein ständiger Prozess, ich werde nie ganz beheimatet sein. Das hat auch Böll gesagt: „Wir sind nie ganz zuhause auf dieser Welt."

Um in der Management-Sprache zu bleiben, weil ich in meinem Buch meiner Zielgruppe gewisse Management-Strategien nahe bringen möchte, können Sie da jetzt evtl. von Strategien sprechen, Lebensstrategien oder Lernstrategien?

Lebensstrategien, die machen wir uns ja unwillkürlich, also die sind meistens auch nur hypothetisch oder auf Probe angesetzt. Für mich ist das einzige, das was Popper sagt: „Es braucht Fantasie im Leben." Fantasie, nicht nur zum Verifizieren, sondern auch zum Falsifizieren. Meistens sind wir so dressiert worden, wenn wir eine Lösung haben, sind wir zufrieden. Es braucht Fantasie, sich auch noch eine andere Lösung einfallen zu lassen. Ich glaube, das gilt genauso für Manager wie für alle Menschen; eben mit Offenheit und Fantasie sich dem Leben Tag für Tag zu stellen.

Also faktisches, lebenslanges Lernen!
Jetzt habe ich noch eine weitere Frage: Haben Sie am Neuanfang, als Sie sich zu diesem schöpferischen Sprung entschlossen haben, bewusst alte gegen neue Muster ausgetauscht, und wie ist heute Ihr Lebensgefühl im Vergleich zu den zurückliegenden Jahren, als Sie sich noch nicht zu diesem neuen Weg entschlossen hatten?

Ich glaube, in erster Linie musste ich meine eigenen Muster in Freiheit leben können. Das kreative Moment war, dass ich merkte, meine bisherigen Muster sind relativ, nicht absolut. Und ich musste das teuer bezahlen, dass mein absoluter guter Wille bestraft, also relativiert wurde, ich bin in eine depressive Phase gefallen; ich war völlig blockiert, als ich gemerkt habe, mein Konzept stimmt ja gar nicht. Die anderen erwarten etwas anderes, die anderen sehen es anders. Und in dem Sinne musste ich vor allem eben das Vertrauen in die eigene Richtigkeit loslassen, musste mich selber relativieren. Das wäre so ein Loslass-Prozess.

Ich verstehe, Sie sprechen jetzt von dem zweiten schöpferischen Sprung, als Sie sich für die Erwachsenen-Bildung entschieden haben. Stimmt das?

Das ist ein typisches Modell, wo ich mit meinen Konzepten an eine Grenze komme und dann in die eigenen Schranken zurückfalle. Da kann ich rebellieren oder in die Depression gehen, bis ich einfach sage: die Welt ist anders, die Welt ist nicht so wie ich will, sondern sie ist anders. Wenn ich wieder fähig werde, mich darauf einzulassen, gibt es einen neuen Horizont.

*Wer hatte Ihnen jetzt wirklich ganz pragmatisch geholfen?
Würden Sie sagen, Sie selbst oder Ihre mentale Einstellung,
oder Ihre Spiritualität?*

Ich denke, die Spiritualität! Also wer hat mir geholfen? Ich
habe sehr viel begreifen können, aber wenn ich es mit dem
Kopf begreife, verändert das noch nichts. Dass es sich verändert hat, war ein Geschenk. Das nennen wir von der spirituellen Seite her eine Gnade. Man kann nicht aus einer Depression selber aussteigen. Man kann auch nicht auf dieser
Talfahrt im Lift irgendwo dazwischen aussteigen, man muss
bis zuunterst und niemand weiß, was zuunterst ist und wann
es kommt. Plötzlich, an einem Tag ist die Welt neu und das
ist ein Geschenk.

*Und wenn ich fragen darf, wie lange liegt das zurück, dass die
Welt für Sie auf ein Mal völlig neu war?*

So etwa fünfzehn Jahre. Aber, ich sagte schon, solche Prozesse können sich wiederholen. Wir drehen uns im Kreis, aber
hoffentlich nicht nur im Kreis, sondern in einer Spirale. Es
kommen immer wieder gleiche Muster, aber das Drehen hat
eine Zielrichtung; auch das Paradox von linear und zirkulär
oder einer zyklischen Struktur.

*Das wäre faktisch eine Spirale ins Transzendentale, dass Sie
sozusagen sich nach oben bewegen. Was wäre denn Ihr Endziel, was Sie sich heute vorstellen könnten? Natürlich stellen
Sie sich in einigen Jahren wieder etwas anderes vor, aber was
stellen Sie sich heute, im Moment, als Endziel vor?*

Wissen Sie, ich komme immer in Verlegenheit, wenn ich so
mittelfristige oder langfristige Ziele angeben soll. Zwar genau
deshalb, weil ich nicht der Mensch bin, der nach vorne ori-
entiert ist, sondern nach hinten, d. h. was Neues zu mir
kommt, das verarbeite ich, bis ich es in die bisherigen Erfahrungen eingeordnet habe. Ich nehme das, was kommt, eins

ums andere. Also in dem Sinne habe ich keine Zielvorstel-
lungen, ich tue mich schwer zu sagen, wo möchte ich dort
sein. Wenn ich es trotzdem sage, dann eigentlich nur in einer
spirituellen Haltung. Ich möchte das, was ich eigentlich bin,
einlösen. Das Wort, das Gott gesprochen hat, als er mich ins
Leben rief, einlösen und verwirklichen.

Wie würden Sie diesen Auftrag nennen?

Das ist nicht mehr und nicht weniger als: Lebe Dein
Menschsein, werde der, der du bist; das ist mein Auftrag. Wie
sich das dann realisiert, ob in dieser oder in jener Art, ist völlig nebensächlich, sondern eben dieses innere Potenzial, das
eine andere Dimension ist als diese räumlich-zeitliche, dieses
Spüren, diesen Anschluss haben an die andere Dimension, an
die vertikale Dimension. Das Transzendente, sagten Sie vorher, das ist das Ziel. Immer mehr darin hineinzuwachsen und
so in den zeitlichen Prozessen gelassen werden.

*Also faktisch eins werden mit Gott oder mit der Spiritualität
und den Auftrag, Mensch zu sein, mit allen Schwächen und
mit allen Stärken zu leben – im Grunde genommen, authentisch zu sein.*

Das haben Sie sehr schön formuliert. Der heilige Benedikt
sagt: „Wenn einer Benediktiner ist, soll er Gott suchen.“
Nichts anderes ist verlangt. Und dieses Suchen, Sie haben es
mit Ihren Worten sehr schön formuliert. Um das gehts.

*Ich danke Ihnen vielmals für das Interview, Abt Dr. Schön-
bächler.*

Interview mit Stephan Braunfels, Architekt

Herr Braunfels, Sie haben eine fantastische Architekturkarriere hinter sich und noch eine weitere vor sich. Ich kann mir denken, Sie haben sehr viel künstlerische Erfahrungen – vor allem interessieren mich Ihre schöpferischen kreativen Sprünge.

Sprünge?

Oder vielleicht nur ein Sprung!

Ich habe sehr viele Sprünge gemacht und sehr viele Krisen durchgangen. Das kommt vielleicht daher, dass ich aus einer alten Künstler- und Musikerfamilie komme und meine Eltern beide Kunsthistoriker sind. Ich bin sehr eingebunden in der Tradition der abendländischen Kultur aufgewachsen, wurde aber schon von frühester Jugend an gleichzeitig mit der modernen Architektur sehr bewusst konfrontiert, weil mein Vater, als ich Kind war, als Kunsthistoriker in Aachen an der Technischen Hochschule Architektur an der Architekturfakultät lehrte und sehr interessiert an moderner Architektur war. Als ich sieben Jahre alt war, fuhr er mit mir zur gerade eröffneten weltberühmten Wallfahrtskirche von Le Corbusier in Ronchamp. Das war für mich ein Schlüsselerlebnis. Da beschloss ich mit sieben Jahren: ich will Architekt werden. Andererseits wuchs ich auf in den toskanischen Städten, über die er viel arbeitete. Da waren wir jeden Sommer. Meine Vorfahren waren eine zeitlang ganz nach Italien gegangen und in Aachen und diesem italienisch-romanischen traditionellen Umfeld einerseits und der modernen Architektur andererseits wuchs ich auf – Aachen lag praktisch Le Corbusier zu Füßen, Mies van der Rohe stammte auch aus Aachen: diese Polarität hat mein ganzes Leben geprägt. So bin ich immer wieder in Krisen geraten. Denn ich glaubte total an die Moderne. Ich weiß noch, wie ich als Schulkind auf dem Weg zur Volksschule immer einen Umweg machte, weil ich am einzigen

Haus mit Flachdach in Aachen vorbeigehen wollte. Ich war
so begeistert von einem Haus mit Flachdach, das war für
mich der Inbegriff der Moderne. Später kam aber die post-
moderne Krise. Ende der sechziger Jahre, als ich Abitur gemacht hatte und endlich das Architekturstudium beginnen
konnte, war die Architektur auf einem Tiefpunkt angelangt:
damals wurden die großen Plattensiedlungen mit Waschbeton
gebaut, sodass ich an die Moderne gar nicht mehr glauben
wollte. Ich hatte mir fast überlegt, das Architekturstudium
doch sein zu lassen. Aber ich hatte ja schon zwölf Jahre darauf hingelebt – es war ganz schwierig!

So begann ich, mich wieder ganz stark mit historischer Architektur zu beschäftigen und fing an, fast historisierende
Entwürfe zu machen. Das war natürlich eine Sackgasse, aber
ich musste da durch. Es ging sogar soweit, dass ich das Studium zeitweilig unterbrochen hatte, weil ich das Gefühl hatte, ich werde dort in einer Art Gehirnwäsche zur schlechten
Moderne erzogen. Bis ich wieder zurückgekehrt bin, hat das
viele Jahre gedauert – erst Mitte dreißig fand ich wieder zu
mir selbst.

*Dann waren Sie in einer lang anhaltenden schöpferischen Kri-
se, wenn ich mich so ausdrücken darf?*

In der Zeit, in der heute manche junge Architekten schon ihre ersten tollen Sachen machen, war für mich alles in Frage
gestellt. Dann brach es aber doch mit Macht durch, also mit
Mitte dreißig gewann ich meinen ersten großen Wettbewerb
und mit Anfang vierzig, relativ spät, aber für Architekten
nicht zu spät, die ganz großen Wettbewerbe wie die Pinakothek der Moderne und die Bundestagsbauten, die wichtigsten
Projekte. Hier habe ich dann auch meine Identität und Form
gefunden. Ich habe sehr früh gebaut – trotz all der Krisen.
Aber ich muss sagen, dass ich meine ersten Bauten heute eigentlich nicht mehr so gerne vorzeige, weil doch die Unsi-
cherheit zum Ausdruck kommt. Es waren wichtige Übungen,

auch handwerklich. An den großen Bauten musste ich aber eine öffentlich verpflichtende Sprache finden.

Wie würden Sie denn jetzt den fortlaufenden Prozess bezeichnen, den Sie durchgangen haben? Wie haben Sie sich mental immer wieder einfangen lassen: von Ihren Ideen, von Ihren Visionen und was hat Sie vorangetrieben? Ist es Ihre Neugier gewesen, Ihr professionelles Können, Ihre Erfahrungen oder einfach Ihr Traum und Ihre Vision, wie Sie sich selbst dann in späteren Jahren gefunden haben?

Ich habe von Kindheit an geträumt, ich muss es zugeben. Große Sachen, die Le Corbusier in Indien gebaut hat und die im Grunde Vorläufer sind auch für das, was später Louis Kahn gemacht hat, haben mich natürlich immer angespornt, so etwas irgendwann auch zu bauen. Ich fühlte mich auch meiner Begabung verpflichtet, ich hatte ja viel von Zuhause mitbekommen.

Sie meinen das Traditionelle, Althergebrachte?

Ich hatte immer das Gefühl, ich bin sehr begabt, auf vielen Gebieten. Ich hatte mich für die Architektur entschieden, aber ich hätte auch Musiker werden können – das ist ein ganz wichtiger Aspekt. Dazu kommt vielleicht, dass ich auch die Aufgabe empfand – immer bewusster, es ist mir jetzt sehr bewusst – gerade aus dieser ganzen Krise heraus eine Synthese zu schaffen zwischen der modernen Architektur und der europäischen Stadt.

Wie lange dauerte der Prozess, wenn Sie zurückdenken, bis Sie die Synthese gefunden haben, und was hat Sie in dieser Zeit innerlich gehalten, weiterzumachen?

Dieser Prozess dauerte fast fünfundzwanzig Jahre, also fast die Hälfte meines Lebens, mindestens zwanzig Jahre, bis ich dies mitten im Studium, also Anfang zwanzig, merkte und bis ich dann Anfang vierzig die ersten großen Wettbewerbserfolge hatte, die aber auch gleichzeitig Ausdruck eines Findens waren. Ich hatte Lösungen gefunden, die plötzlich gültig waren.

Was war der Grund, haben Sie immer die Vision der Lösungen vor sich gehabt, oder haben Sie einen Weg gesucht, und der Weg war das Ziel?

Irgendwann habe ich eingesehen, was Sie sagen, dass der Weg das Ziel ist. Das ist vielleicht einer der Gründe, dass ich nicht mehr fertige Bilder hatte, dass ich nicht mehr an Vorbildern hing, sondern dass mir immer mehr klar wurde, dass die Zeiten eben andere sind und dass man in jeder Zeit immer wieder neue Lösungen oder eine neue Form der Synthese finden muss. Dass man sich einfach von Vorbildern befreit, ohne ihnen untreu zu werden. Es ist ja ganz schwierig, wie man gleichzeitig alle Erfahrungen weiterträgt, aber doch offen ist für etwas – ich will nicht unbedingt sagen: Neues – aber offen ist für das Richtige, das anders aussieht, als man es sich vorher gedacht hat.

Das war eigentlich der wirklich kreative Sprung, diese Erfahrung, die Sie gemacht haben, dass Sie sich selbst trauen, etwas zu tun, was Sie eigentlich im Grunde genommen vielleicht noch gar nicht so in der Vision gesehen haben, sondern dass Sie im Schaffen sich selbst gefunden haben.

Die Krise ist immer da gewesen, sie hat ja auch etwas Schöpferisches, weil auch der Konflikt immer da war. Ich habe nie etwas Avantgardistisches machen wollen, um des Neuen Willen, sondern ich habe immer – vielleicht übertrieben – die alte Architektur geliebt und dies hat mich vielleicht auch immer gehemmt oder gebremst oder den Anspruch zu hoch gehängt. Ich konnte nie so einfach etwas Neues machen wie andere, die das Alte überhaupt nicht kennen. Ich sehe dies, je mehr ich jetzt mit jüngeren Architekten zu tun habe, wie unbefangen die sind. Dieser Bildungsballast hat mich immer wie mit dicken Steinen am Boden gehalten, aber ich finde das nicht schlimm, weil ich da durchgekommen bin. Sie fragten, was mich getrieben hat. Ich sah natürlich schon fast ein gewisses Sendungsbewusstsein, den einmal eingeschlagenen Weg auch weiterzugehen. Das ist wie beim Sport, wenn man einen Berg besteigt und einfach überhaupt nicht mehr kann. Aber man sieht den Gipfel und sagt, man macht jetzt nicht schlapp, gibt nicht auf, geht nicht zurück. Wie oft denkt man darüber nach und sagt, man kann wirklich nicht mehr, aber man geht trotzdem weiter. Man wächst dadurch, dass man am toten Punkt nicht aufhört, sondern weitermacht.

Was hat Sie weitergetrieben, die Vision des Ziels, die Vision der Vollendung Ihres Werks oder Sie selbst? Wie haben Sie sich mental motiviert? Ich schreibe ja ein Managementbuch und ich versuche immer noch, gewisse Strategien interdisziplinär abzuleiten.

Ich habe vielleicht von meinem Vater geerbt, dass ich immer große Visionen nach vorne hatte und von meiner Mutter, dass ich sehr zäh bin. Meine Mutter wird jetzt bald 90, sie war immer ein ganz zartes Wesen, aber eigentlich nie richtig krank, war also richtig zäh. Ich habe im Leben immer wieder gehört, dass Leute sich wunderten, wie gut ich Rückschläge wegstecken konnte – Stehaufmann ist wohl das richtige Wort – und je öfter man stolpert oder eins drüberkriegt – und ich bin oft gestolpert und habe oft eins drübergekriegt – umso leichter fällt es einem, immer wieder aufzustehen. Ich habe auch gelernt, alles abzustreifen.

Das ist ja wunderbar. Vielleicht verraten Sie mir Ihr Rezept!

Viele Leute ärgern sich lange darüber, wenn sie Streit mit mir haben. Für mich ist der Streit am nächsten Tag wie weggeblasen, und viele verstehen es gar nicht, dass mir der Streit nichts mehr ausmacht.

*Und wo fangen Sie an, fangen Sie wieder am Punkt vorher
oder an dem gewissen Streitpunkt an?*

Ich tue dann so, als wenn nichts gewesen wäre, das finden
natürlich manche Leute schrecklich, weil sie nachtragend
sind und beleidigt und tausend Entschuldigungen wollen und
die reichen nicht, die wollen noch eine 1001ste.

*Also Sie machen die Schotten dicht und gehen weiter und ver-
folgen Ihr Ziel weiterhin, um das jetzt mal im Faktum aus-
zusprechen.*

Für mich ist der wichtigste Moment am Tag – nach dem Auf-
stehen – ein ausgiebiges Duschen. Ich dusche morgens eine
halbe Stunde, jeden Morgen. Und wenn ich morgens nicht eine halbe Stunde geduscht habe, dann fühle ich mich nicht
wohl. Ich stehe dann unter der Dusche und denke über alles
nach und alles Schlechte fließt ab. Ein ganz wichtiger Punkt
ist, ich dusche warm oder heiß, aber am Schluss gibt es eine
ganz ausgiebige eiskalte Dusche und das ist der Durchbruch
ins Neue. Danach fühle ich mich im wahrsten Sinne des Wor-
tes wie neu geboren und zwar jedes Mal, aber auf einem anderen Niveau: Es gibt doch das Phänomen, dass viele Leute
sagen, wenn sie alt sind: wie schade, jetzt bin ich alt – wenn
ich alles, was ich jetzt weiß und erlebt habe und alle Erfahrungen, wenn ich die jetzt hätte und gleichzeitig nochmals
jung wäre: ich könnte damit noch so viel machen! Und so geht
es mir im Kleinen jeden Tag – es ist jeden Tag etwas dazuge-
kommen, trotzdem ist es wieder neu.

*Sie wissen dann auch genau, was Sie wollen, also angenom-
men, Sie sind in einer unstimmigen Situation oder Sie müssen
eine Entscheidung treffen, dann wissen Sie nach Ihrem
Duschprozess genau, was mache ich?*

Nein, so ist es nicht. Das gilt jetzt ganz generell. Es gibt natürlich auch Entscheidungen, die schiebe ich ewig vor mir her.

Also künstlerische Entscheidungen?

Ja, auch künstlerische Entscheidungen. Ich bin sehr, sehr ab-
wägend und kann mich oft sehr lange nicht entscheiden. Das
ist etwas anderes. Wovon wir vorher sprachen, ist, wie man
sich immer wieder motiviert und immer wieder jeden Tag neu
anfängt, auch nach großen Rückschlägen und Durststrecken.
Was mich noch getrieben hat, ist einfach am besten mit einem
Satz zu sagen, den mir mein Vater früher oft sagte: Wenn du
einen Raum betrittst, übernimmst du die Verantwortung
dafür, was in diesem Raum passiert. Ich habe es immer so erlebt, wenn ich in eine Stadt gekommen bin: nach München,
nach Dresden oder auch nach Berlin. Bei dieser ganzen The-
matik ist für mich ein ganz entscheidendes Motiv, in den toskanischen Städten aufgewachsen zu sein. Florenz ist meine
geistige Heimat – da bin ich groß geworden, dort wurde meine Haltung geprägt: diese Klarheit und diese Strenge und – so
schön Venedig mit dem Wasser, dem Maurischen und dem
Malerischen ist – und so schön auch Rom ist: die Frühre-
naissance und das Florentinische, das ist eigentlich meine
Welt. Das beste an München ist das Florentinische.

Aber Ihre Bauten sind ja nun nicht florentinisch.

Doch, doch, doch, erstaunlich, natürlich jetzt doch in einer
anderen Zeit. Die größten Komplimente haben mir in den
letzten Jahren Leute gemacht, die dies alle nicht so genau wussten, und dann gesagt haben: komisch – was du machst, erinnert uns an Florenz. Gehen durch die Pinakothek und sagen,
das ist florentinisch und ich sage: Mensch, dass ihr das merkt,
weil alles doch stark übersetzt ist, nur als geistige Haltung da
ist und nirgendwo direkt zu sehen ist. Ich will darüber übrigens ein Buch machen – es macht mir solch einen Spaß, die
ganzen Wurzeln und Quellen zu zeigen. Es hat aber auch lange gedauert, z. B. zehn Jahre war ich jetzt nicht mehr in Florenz, weil ich einfach diesen Überdruck abstreifen wollte. Immer wenn ich in Florenz war, dachte ich, das ist ja alles nichts,

was wir hier so machen. Und dann habe ich vor über zehn
Jahren beschlossen, einfach nicht mehr hinzufahren. Erst
nachdem die Pinakothek fertig war, habe ich zum ersten Mal
wieder Florenz besucht. Es war meine schönste Florenzreise:
Endlich war ich befreit – die Pinakothek war fertig und ich
stellte plötzlich verblüfft fest, wo alles herkommt – was ich
mir längst nicht mehr so bewusst war – und wie sehr es übersetzt ist, so dass fast nur ich es eigentlich merke.

*Sie hatten also das Florentinische verinnerlicht und haben es
unbewusst an Ihre Bauten, an die Pinakothek weitergegeben.
Könnte man das so laienhaft formulieren? Weil Sie so ver-
woben waren in der Sache?*

Das kann man schon so sagen, aber das ist ein langer Prozess,
das muss wachsen. Ich fand es auch immer ganz wichtig, dass
Dinge wirklich echt sein müssen und dazu braucht man sehr
viel Zeit. Deswegen hat das alles auch so lange gedauert. Ich
habe das instinktiv gespürt. Vielleicht deshalb – dies ist für
mich ganz wichtig gewesen im Leben – dass ich immer viel
Musik gemacht habe und durch das Studieren eines Instru-
mentes fast zur Konzertreife – Klavier über zehn Jahre hinweg – auch gelernt habe, Meisterqualität zu erreichen und
weiter zu studieren: das kann man nur am Instrument so gut
lernen! Am Instrument kann man niemanden etwas vorma-
chen. Da merkt man sofort, wenn man nur einen Tag oder eine Woche nicht geübt hat. Dieses Arbeiten an einer objektiven Qualität, nicht an einer subjektiven – was heißt Mode
oder Meinung oder Haltung – sondern an einer ganz handwerklich objektiven Qualität. Beim Instrument, da hört man
sofort: das kann er, das kann er nicht – deshalb ist es ein so
gutes Beispiel für echtes an sich Arbeiten und echtes Reifen.

*Jetzt auf die Architektur übersetzt, haben Sie dann Ihre Plä-
ne sehr oft im Kopf oder auf dem Papier verworfen und sie
immer wieder neu modifiziert?*

An meinen wichtigen Arbeiten habe ich bis zu zehn Jahre gefeilt.

Bis sie zuletzt für Sie stimmig waren?

Ich habe vier oder fünf Hauptwerke neben meinen großen Bauten, der Pinakothek der Moderne oder den Bauten für den Deutschen Bundestag. Jetzt zum Beispiel arbeite ich an dem Projekt der Mitte Berlins – Schloss oder nicht Schloss – diese Frage beschäftigt mich auch schon fünf Jahre. Aber an den München-Plänen für den Hofgarten und den Altstadtring habe ich zehn Jahre gearbeitet. An meinen Dresden-Plänen habe ich auch viele Jahre gearbeitet. Es ist also mehr Forschung, es geht aber auch um Wahrheitsfindung. In einer gewissen Weise darum, das Richtige zu finden. Nicht das Spektakuläre oder Andersartige, sondern das Wesentliche, das Dauerhafte. Und da braucht man einfach Geduld, man muss auch in sich reinhören und sich viel mit Geschichte beschäftigen und muss die Dinge wie einen guten Wein reifen lassen. Es dauert einfach, man braucht viel Geduld. Das Wissen darum, dass es dauert, gibt einem natürlich auch die Kraft und die Motivation, auch über längere Strecken hinweg, Durststrecken, auch Misserfolge wegzustecken – sich davon nicht verunsichern oder sich einschüchtern zu lassen. Diese Zeiten habe ich auch später immer wieder mit Musik ausgefüllt, das war für mich immer sehr wichtig. Aber ich war mir immer einer gewissen Verpflichtung bewusst, nämlich die zerstörte europäische Stadt wieder mit aufzubauen – nur mit welchen Mitteln war mir lange nicht klar. Lange Zeit habe ich gedacht, dass ich reiner Städtebauer werde, dann merkte ich aber, dass meine großen städtebaulichen Planungen durch Wechsel von Stadtbauräten oder Oberbürgermeistern immer wieder auf Eis gelegt wurden. Man muss einfach selber den Atem haben, Jahrzehnte an Sachen zu arbeiten. Wohl nicht durch Zufall habe ich die größten Erfolge vor allem mit besonders großen Bauten gehabt, die im städtebaulichen Zusammenhang stehen. Ich habe die großen Wettbewerbe eigentlich fast immer aufgrund von städtebaulichen Qualitäten gewonnen. Zum Beispiel ist die Pinakothek der Moderne das Gegenstück zum Guggenheim-Museum in Bilbao geworden, oder – in einer anderen Weise – auch ein Gegenstück zum Centre Pompidou in Paris. Mein Ziel geht aber weiter: ich möchte die Latte noch höher hängen und zu Lösungen kommen, die noch radikaler und moderner sind als die Pinakothek der Moderne und sich gleichzeitig noch besser in die europäische Stadt integrieren.

Und wie würde dieses Ziel heißen, denn Sie sind ja im Prinzip ein sozialer Architekt. Sie möchten mit Ihren Bauten etwas ausdrücken, den Menschen übermitteln?

Ich habe bisher nur eine schlagkräftige Formulierung gefunden: Für mich ist der Außenraum der Innenraum. Je mehr der städtische Außenraum zum geistigen Innenraum wird, umso mehr entsteht Öffentlichkeit und Gemeinschaft zwischen den Menschen und zwischen den verschiedenen Institutionen. Die Stadt ist der Ort, wo man sich öffentlich trifft: durch eine gesteigerte Innenraumqualität des Außenraums entsteht eine gesteigerte Öffentlichkeit.

Was ist das richtige Material dafür? Das wäre im Grunde genommen Glas. Sie arbeiten ja sehr viel mit Glas.

Auch mit Glas, aber Glas hat ein großes Problem, weil es auch spiegelt – Glas kann wirklich abschließen – Glas ist keineswegs immer durchsichtig. Es ist nur vom Innenraum nach außen durchsichtig, und heute haben wir auch ein Kostenproblem: so schöne Gläser, wie es früher gab – klar, rein, durchsichtig – gibt es immer weniger.

Was wäre das Material Ihrer Wahl?

Das ist unterschiedlich. Ich habe persönliche Vorlieben, aber die haben mit dem Thema nicht unbedingt zu tun. Ich mag ganz besonders gerne Beton, der kann wie Marmor sein. Aber solche Qualität ist sehr schwierig herzustellen. Vom Material her ist alles möglich, das hat auch etwas mit der Bauaufgabe zu tun. Ich kann kein Hochhaus aus Holz bauen. Aber Ihre entscheidende Frage ist doch, woher eigentlich die große Liebe zur Architektur, zum Raum und zur Stadt kommt.

Sie brauchen einfach den Raum, etwas raumfüllendes, denn Musik füllt ja auch den Raum. Eine andere Frage: Wenn Sie durch eine Stadt gehen, können Sie auch mal ganz abschalten und sich einfach gar nicht mit dem Raum verbunden fühlen?

Das kann ich nicht. Aber was Sie gerade sagten, ist interessant. Ich habe jetzt gerade wieder eine Oper von Verdi gehört. Der Raum spielt bei Verdi eine größere Rolle als bei anderen Komponisten, weil er mit verblüffenden Raumeffekten arbeitet, mit Bühnenmusikern etc. Da merke ich dann jedes Mal, dass ich eine ganz tolle Steigerung der Musik empfinde, wenn ich Musik räumlich erlebe. Es ist schon richtig, eigentlich geht es um den Raum.

Also der Raum ist besitzergreifend und wahrscheinlich ist es das Wort Ihres Vaters, das Sie unbewusst beeinflusst hat, dass Sie sich für den Raum verantwortlich fühlen, und wenn Sie jetzt an die Pinakothek der Moderne denken, mit welchem Musikstück könnten Sie dieses Gebäude vergleichen? Das hat Sie wahrscheinlich noch niemand gefragt.

Nein, aber da würde ich sagen, bei diesen großen Bauten in dieser Komplexität –

Mit Wagner?

Mit vielen, wenn Sie so wollen. Das ist wirklich schwer zu sagen, weil, wenn Sie Wagner sagen, würde ich eher Bruckner sagen. Es ist eher wie eine große Bruckner-Symphonie. Aber das stimmt auch nicht, es kommt immer darauf an. Andererseits – dies gilt besonders für die Pinakothek – freue ich mich, dass sie im Inneren zu so einer intensiven Logik und Klarheit gelungen ist.

Ich habe ein Buch geschrieben „Die Logik des Genialen" und habe da von einer inneren Logik gesprochen. Könnten Sie dem folgen, dass Sie, wenn Sie sagen, das Gebäude ist logisch, es eine spezielle künstlerische Logik ist, die Sie da ans Tageslicht gebracht haben?

Eine Logik, die aber immer klar durchschaubar sein muss, jedoch so reich, dass man ständig neue Erkenntnisse an neuen logischen Zusammenhängen hat, die aber nichts Mystisches oder Geheimnisvolles behalten dürfen. Alles muss so komplex sein, dass man sich nicht zu schnell langweilt, es aber immer wieder als logisch erkennt. Das ist mein ganz großes Ziel bei meiner Architektur: dass am Schluss nichts, was man entdeckt, überflüssig oder unlogisch ist oder rein dekorativ bleibt. Sie werden bei meinen Bauten, wenn sie mir gelungen sind, nichts Dekoratives finden. Das unterscheidet mich zum Beispiel schon etwas von meinem Vorbild unter den jüngeren, also noch lebenden Architekten, Axel Schultes, dessen Kanzleramt in Berlin halt doch viele irrationale, dekorative Momente enthält. Ich finde es ein großartiges Gebäude, aber es gibt auch sehr viele Stellen, wo man sagt, warum ist das gerade so, das könnte auch anders sein. Bei meinen Bundestagsbauten gibt es kein Detail, das man nicht logisch erklären kann, und zwar geht es mir darum, dass jede Formfindung möglichst immer drei Komponenten hat: gleichzeitig eine funktionale, das Gebäude ausweisende, eine technische und dann auch noch eine typologische, also aus der Architekturgeschichte. Es geht mir darum, dass alles rational erklärbar ist. Architektur ist keine freie Kunst!

Und das ist nur eine Typologie, oder haben Sie auch verschiedene Typologien in einem Gebäude?

Das kann – ich sprach jetzt von Einzelformen – vieles sein. Also zum Beispiel in der Rotunde der Pinakothek, da ist eine mehrschichtige, eine diaphane Kuppelschale, die zu wunderbaren Verschattungen und Spiegelungen führt. Diese Struktur ist technisch nötig, um das Licht zu filtern und zu verschatten, sodass kein direktes Licht auf die Wände fällt. Gleichzeitig verweist die Kuppel aber auch auf das Pantheon, genauso wie auf die Jahrhunderthalle von Berg in Breslau, wie auch auf die Kuppel des Guggenheim Museums in New York oder auf die Guarini-Kuppeln in Turin und die Adaptionen des Pantheon im Museumsbau vom Vatikanischen Museum bis hin zu Schinkel – alles spielt mit hinein, aber nichts soll vordergründig erzählend illustrierend sein.

Das könnte z. B. so sein, Sie kommen in Ihr Gebäude – Sie sprachen von einer inneren Logik und von verschiedenen Zusammenhängen, und dass die Logik also wirklich logisch ist – nachdem Sie morgens sehr gut geduscht haben, und haben auf einmal eine ganz andere Synthese der verschiedenen Logiken, dass Sie überrascht sind von Ihrer eigenen Schöpfung und auf einmal noch einen neuen Zugang finden. Kommt das auch vor?

Ja, ich sehe neue Teilaspekte. Es ist natürlich so, wenn man lange an einer Sache gearbeitet und gekaut hat, dann hat man natürlich schon das meiste durchdacht. Aber es passiert immer wieder und es freut mich ganz besonders, wenn ich irgendwo auf der Welt einen geistigen Vorläufer oder Verwandtes finde.

Ein Seelenverwandter?

Ich finde es immer beglückend, wenn ich plötzlich Gebäude sehe, die meinen ähnlich sind, auch wenn ich mir eingebildet hatte, ich hätte etwas erfunden. Ich weiß inzwischen, dass man nichts erfinden kann, sondern nur finden, dass es alles schon gibt. Aber ich freue mich jedes Mal, wenn ich noch wei-

tere Beispiele dafür finde, dass es Gedanken, die ich habe,
schon einmal gegeben hat. Ich weiß inzwischen auch den
Grund – es ist ein philosophischer Grund: weil der Wahr-
heitsgehalt meiner Gedanken gesteigert oder bestätigt wird.

*Sie haben sicher vom kollektiven Bewusstsein von Sheldrak
gehört?*

Vom kollektiven Bewusstsein habe ich schon gehört. Ich habe vor, jetzt endlich mal nach Brasilien zu reisen, um Nie-
meyer zu studieren – ich könnte mir sehr gut vorstellen – er
war ja auch ein großer Le Corbusier-Schüler – dass er auch
Sachen gebaut hat, die ich noch gar nicht kenne und dann
feststelle, dass die ähnlich sind wie manches, was ich auch
mache.

Um zu sagen, Sie fühlen sich vertraut in Ihrem Raum.

Das finde ich wunderbar. Das geht bis in die kleinsten Details,
insofern ist das Reisen eines der allerwichtigsten Dinge für
Architekten. Eigentlich lernt man das meiste durch Reisen.
Das kann man nicht alles durch Bücher oder durch Pläne und
durch Bilder lernen. Beim Sehen des Originals sieht man tausend Sachen, die die Fotografen nicht fotografiert haben.
Auch kommt es ja oft vor, dass man Bauten von Kollegen
sieht und bewundert, was denen alles eingefallen ist. Und
dann reist man durch die Welt und sieht plötzlich, das gibt es
ja da schon und da schon. Haben die das wohl da gesehen?
Es kommt aber gar nicht darauf an – das wäre ein Missverständnis – ob die das abgeguckt haben. Unter Umständen haben die das gar nicht gekannt oder gesehen, es zeigt nur, dass
es das einfach gibt und dass es auf eine neue Form hier oder
dort wieder zu einem anderen Leben erweckt worden ist. Das
ist wie in der Musik – es ist doch erstaunlich, was man mit
zwölf Tönen alles machen kann.

Was wäre Ihre Vision für die nächsten dreißig Jahre?

Das Lehren wird in Zukunft eine Rolle spielen.

Meinen Sie, dass Sie das vermitteln können, weil Sie ja Ihre Logik so verinnerlicht haben? Dass Sie das weitergeben könnten, was Ihr Innerstes ist? Das hängt ja auch mit Ihnen zusammen, zumindest das ästhetische Empfinden dafür?

Alles was ich mir in diesem Zusammenhang erarbeitet habe. Als bauender Architekt, der gleichzeitig Architekturhistoriker, Städtebauhistoriker ist, spielt das für mich eine Riesenrolle und das möchte ich weiter steigern. Auch möchte ich in Zukunft mehr im Ausland bauen. Engländer, Franzosen, Italiener bauen überall, besonders viel in Deutschland, deutsche Architekten allerdings kaum im Ausland.

Woran liegt das, an der Mobilität?

Ich weiß es nicht, woran es liegt, dass deutsche Architekten international kaum vertreten sind.

Liegt das an der Auftragslage oder an der Mentalität der Deutschen?

Nein, die anderen Länder sind nicht so offen wie wir. Bei uns können alle bauen. Ich möchte gerne das, was ich bisher in München, Dresden und Berlin gemacht habe, auch in anderen Ländern machen.

Zum Beispiel auch in Italien?

Ja, aber es sind zwei Sachen: Die Lehre und die Öffnung ins Internationale – und als Drittes: Bauaufgaben, die ich bisher noch nicht machen konnte. Ich möchte z. B. einen Konzertsaal bauen – oder eine Kirche.

Einen Konzertsaal in Italien?

Konzertsäle werden immer noch viele gebaut, nicht so sehr in Deutschland, aber in Spanien oder in Japan. Das wäre für mich noch ein wichtiges Ziel, sehr gerne natürlich auch in Italien.

Aber Sie haben schon einmal eine Kirche gebaut, wie ich gesehen habe?

Nein ich habe keine Kirche gebaut bisher, das muss ein Missverständnis sein – ich würde dies gerne, ich stamme aus einer religiösen Familie. Ich würde auch gerne ein Opernhaus bauen. Aber das ist vielleicht ein absolut unerfüllbarer Traum, denn wo wird heute noch ein Opernhaus gebaut?

Ein Opernhaus in welchem Land, natürlich Italien?

Ach, das ist mir eigentlich egal. Natürlich wäre es besonders schön in Italien. Aber das sind wirklich Träume.

Ich bedanke mich ganz herzlich für das Interview, Herr Braunfels, vor allem für die neuen Einsichten und Gedanken und die Verbindung der schönen Künste untereinander.

Interview mit Prof. Michael Soltau, Ernst-Moritz-Arndt-Universität, Greifswald

Haben Sie sich bewusst beruflich oder privat einmal in eine Situation des sog. freien Falls hineingeben?

Ich habe in einer Schule Kunst unterrichtet und wollte eigentlich Kunst sehr ehrlich und direkt unterrichten – der Schulapparat aber hat mich immer wieder an Grenzen stoßen lassen, so dass ich neue Freiräume gesucht habe. Einmal selbst in der freien Kunst und in einer Hochschule, wo Freiräume gegeben sind. Der Weg dahin ist komplex und da musste man relativ viele Risiken eingehen und sorgen, dass man sich das Risiko von morgen überhaupt noch leisten kann.

Jetzt sind wir bereits bei der dritten Frage: Wie war der fortlaufende Prozess Ihrer beruflichen Veränderung, mit einem anderen Erfahrungswert, mit anderen Hintergründen, mit anderen Situationen, als Sie das Schulwesen mit der Universität gewechselt haben?

Zunächst einmal musste ich mich entscheiden, welcher von beiden ist mein Liebling! Wenn man in der Breite etwas vermitteln will, dann ist die Schule der richtige Ort. Wenn man den Spezialisten, der später in der Schule vermitteln soll, erreichen will, dann ist die Hochschule der richtige Ort. Zunächst stand ich in beiden Prozessen und je nachdem, wo ich mich – auch per Zufall – mehr wiedergefunden habe oder engagieren konnte, habe ich mich am Ende dann eben doch für den Hochschulweg entschieden.

Mit welchen Strategien haben Sie gearbeitet?

Viele Menschen treffen, Leute aus dem künstlerischen Bereich und aus dem Hochschulbereich, d. h. im Grunde genommen, Leute kennen lernen. Die Fragestellung, die mich selbst be-

schäftigt hat, richtete ich an diese Leute, um zu erfahren, wie
sie das bewältigt oder erlebt haben.

Und Sie haben dann faktisch die Erfahrung der anderen über-
nommen?

Ich habe versucht, die Orte zu finden, wo sich meine Empfindungen und deren Erfahrungen deckungsgleich machen
lassen. D. h. ich wollte nicht opportun das nachmachen, was
andere gemacht haben, sondern ich habe mir die Elemente
herausgesucht, was zu mir passt. Sagen wir einmal, Andock-
punkte aufzusuchen, um von dort aus weiterzugehen, also eine Art Hangel.

Könnten Sie Ihre Erfahrungswerte mit ein paar Strategien be-
nennen, keine äußerlichen, sondern mentale Strategien: wie
Sie sich selbst motiviert haben und wie Sie sozusagen fortge-
schritten sind in Ihrem Denk- und Kreativitätsprozess?

Eine Hauptstrategie wäre, wenn man das überhaupt „Strategie" nennen kann, Neugier. Also den Mut haben, auch mal
daneben zu liegen und Fehler zu machen, in einer Form von
Lustprinzip befriedigen zu wollen; vielleicht ist „Strategie"
auch nicht das richtige Wort. Es ist im Grunde genommen eine psychische Notlage, die einen dazu treibt, etwas Neues zu
entdecken und man kommt zu immer mehr Erfahrungswer-
ten und hat immer mehr Möglichkeiten intuitiv darauf einzugehen. Das betrifft sowohl das berufliche Leben, als auch
das künstlerische. Ich wollte das schon immer!

Jetzt interessiert mich vor allem der künstlerische Punkt. Wie
haben Sie hier den freien Fall bewältigt, und wie haben Sie Ih-
re Kreativität in andere Raster gebracht, wenn ich mich so
ausdrücken darf?

Ich könnte mit Picasso antworten, der gesagt hat: „Ich suche
nicht, ich finde." Ich habe versucht, mir abzugewöhnen, et-

was zu erwarten und ich habe mir immer mehr den Raum für
Überraschungen erobert.

Und wie sieht das jetzt in Ihrer Kunst aus?

Dass ich mich selber immer noch verblüffen kann, in meinen
fotografischen Arbeiten oder auch in Videoinstallationen.
Dass ich ironisch arbeiten kann oder dass ich Momente, die
aus Wortspielen herauskommen, die aber sehr direkt entstehen, in irgendwelche Marktstrategien umsetze.

Sie arbeiten also auch mit gewissen Verfremdungseffekten?

Das passiert ohnehin, wenn man mit technischen Medien arbeitet. Man muss aber immer aufpassen, dass man nicht in ir-
gendeine gewisse Form von Effekthascherei ausartet. Denn
wenn man mit Techniken arbeitet, die einem manche Arbeiten zu schnell erleichtern, dann muss man doch den Weg nach
dem sehr Speziellen in der Bildaussage suchen.

*Beispielsweise, Sie stehen vor einem Bild und wollen ein Lied
oder ein Kunstwerk machen und lassen sich bewusst in den
freien Fall fallen, um Ihre Kreativität zu steigern. Ist das richtig, wenn ich Sie so interpretiere?*

Ich glaube, wenn ich dabei an den freien Fall denken würde,
dann würde die Kreativität sich nicht einstellen – das freie Fallen an sich macht vergessen.

Dann sind wir bereits im freien Fall!

Ja, das ist vielleicht so wie mit der Liebe, wenn man zu lange
darüber spricht, könnte sie sich auch nicht einstellen!

*Wie ist dann Ihr Kreativitätspotenzial, wie entwickelt sich das
im freien Fall? Sie sind vergessen in Ihrer Person, vergessen
in Ihrer Kunst – das Unterbewusste bricht sozusagen hervor.*

Ich bin selbst keine Künstlerin, insofern ist es schwierig für mich, das auszudrücken.

Es ist eine andere Form von Bewusstsein. Ich glaube gar nicht, dass das unterbewusst ist, sondern ich könnte pathetisch sagen, die Freude am Spielerischen, am Untersuchen, Herausbekommen, was dahinter steckt!

Steht eben dieser sog. Überraschungseffekt im Vordergrund, von dem Sie vorher sprachen, dass Sie sich selbst überraschen, mit einer ...

... Lösungsmöglichkeit, an die man vielleicht so vorher noch gar nicht gedacht hat. Man nähert sich immer ein Stückchen mehr an. Würde das sofort identisch funktionieren, bräuchte man eigentlich nur ein Bild malen oder ein Bild herstellen. D. h., ich glaube auch bei anderen Künsten ist es so, dass man sich immer nur annähert.

Und wenn Sie jetzt zurückdenken an kreative Erfahrungen, wie weit haben Sie sich jetzt an eine „Idealkreativität" angenähert?

Ich würde gar nicht Kreativität sagen, sondern eher eine Art Souveränität, d. h. wenn ich in der künstlerischen Arbeit souverän sein kann, kann ich auch im Alltäglichen souverän sein und umgekehrt. Das verbindet sich immer wieder. Das glaube ich, würde ich nicht voneinander trennen, d. h. für mich ist Kunst in einer Methode souverän zu werden und eine unabhängige Persönlichkeit zu entwickeln.

Dann wären Sie also bereits schon wieder über diesen freien Fall hinaus und schon wieder am aufsteigenden Ast. Könnten Sie mir so in dieser Richtung folgen?

Ja, ich habe vorhin schon angedeutet, wenn ich mir darüber diese Gedanken machen würde, dann wäre das schon wieder zu konstruktiv im Sinne eines Zweckdenkens. Ich möchte eigentlich Sinn und Zweck nicht weiter verwechseln!

Ich habe eingangs gesagt, dass ich mich in der ursprünglichen beruflichen Situation unfrei gefühlt habe. Hier hätte ich jetzt das Moment der Freiheit für mich erobert, ohne in Beliebigkeit auszuarten.

Ich bin jetzt rein von der Kunstschiene ausgegangen, unabhängig von Ihrem Umfeld!

Ja, ich denke, das gehört zusammen. Man kann es nicht voneinander trennen. Es sind zwei Dinge, die permanent ineinander greifen.

Würden Sie sagen, Sie haben diese Dinge bereits in Kongruenz gebracht?

In Verschränkung zueinander. Das ist eine Art, ich glaube, Niels Bohr hat es mal gesagt: „Komplementarität", die das Ganze ausmacht.

Also was kein Gegensatz ist, sondern sich einander ergänzt?

Wie ein Spange, eine Klammer!

Also im Prinzip eine Symbiose?

Das wäre jetzt ein Begriff aus der Biologie, nicht? Symbiotisch. Ja, ich würde sagen, das Aufheben künstlich hergestellter Gegensätze. Eine Gesellschaft, die sich mechanistisch strukturiert; das Spiel zur Kultur zu erheben, die hat auf verschiedensten Ebenen die Angst zur Kultur gemacht, Selektion betrieben, Arbeitsfeld und Schule mechanisiert und von diesem ganzen Hintergrund, denke ich, müsste man nur die Freiheit suchen.

*Damit wären wir bei der Frage 8: Hatten Sie denselben Pro-
zessverlauf und Strategien bei einem aufgezwungenen freien
Fall von außen, sprich also jetzt faktisch in der Synthese von
beiden Säulen, Beruf und Kunst, so dass Sie zu irgend etwas
gezwungen wurden, was Sie im Grunde genommen nicht
wollten?*

Ich denke, das ist ein Widerspruch: „aufgezwungener freier
Fall". Das kann ich mir gar nicht vorstellen.

*Das finde ich ja sehr gut, wenn Sie diese Erfahrung noch nicht
machen mussten und hoffe, Sie machen die Erfahrung auch
nie.*

Dieser Situation bin ich dann auch wohl aus dem Wege gegangen. Aber Sie haben das vorher noch ergänzend anders
formuliert in der Frage. Strategien bei einem aufgezwungenen
freien Fall?

*Nein! Sie haben also diesen aufgezwungenen freien Fall nicht
erlebt. Aber darf ich dann noch einmal auf diesen freiwilligen
freien Fall zurückkommen. Wie würden Sie Ihren Lustgewinn
oder überhaupt den Gewinn für Sie definieren, dass Sie diesen musischen freien Fall gewagt haben.*

Da liegt eigentlich in der Frage die Antwort. Je souveräner
man wird, desto wohler fühlt man sich, desto reifer wird man
auch und immer präziser im Entscheiden.

*Drückt sich das jetzt auch in Ihren Bildern und Ihren Wer-
ken aus, diese Souveränität; so dass der Betrachter, also jetzt
vielleicht in einem Zeitrahmen von zehn Jahren dies auch sehen und empfinden kann, beim Betrachten Ihrer Werke?*

Vielleicht an zwei Elementen, einmal einem gewissen Humor
und an einer sich doch stetig andeutenden Erotik.

Definieren Sie mir das noch etwas genauer. Sie sprechen von Newton, der sozusagen eine Obsession hatte, aber wie sieht das bei Ihnen aus?

Na ja, von meinen Obsessionen will ich jetzt nicht sprechen, aber Erotik ist angedeutete Sexualität, nicht platt vorgetragene Sexualität, sondern eine Ahnung zu haben – eine Annäherung zu kultivieren oder zu inszenieren.

Kunst ist also wirklich nur zum Betrachten da. Man kann sie mit Worten nicht unbedingt beschreiben, insofern liegt da auch eine künstlerische Souveränität?

Da ich ja auch mit sog. neuen Medien arbeite, wird jemand Ähnlichkeiten zu etwas schon mal Gesehenen bestimmt entdecken können, nur ist das wiederum auch sein Anteil in dem Erlebnis dieser Arbeiten. D. h. wenn ich ihm das jetzt nehmen würde, also diese Offenheit – da sind wir ja wieder bei der Offenheit von vorhin oder der Freiheit – dann, so meine ich, dann würde ich das Bild durch meine Worte beeinträchtigen, auch für jemanden, der ja noch mit seiner Erlebniswelt aus Medien, aus Zeitschriften etc. an dieses Bild rangehen kann.

Sie lassen dem Zuschauer seine eigene Interpretation und seine komplette Freiheit in der Betrachtungsweise?

Ja, das ist sogar eine Forderung.

Ich bedanke mich vielmals für das Gespräch, Herr Prof. Soltau.

Interview mit Daniel Staempfli,
Pilot der Swiss Air Force

Herr Staempfli, Sie sind der Leader der Patrouille Suisse in Dübbendorf und sind so nett und haben sich die Zeit genommen, mir ein Interview zu geben. Meine Frage: Wie sind Sie bei Ihrem Briefing und auch bei Ihren Flügen für eine evtl. Krise gewappnet?

Eine Krise besprechen wir im Briefing eigentlich gar nicht. Es gibt Standard-Verfahren in der Fliegerei, die man anwendet, wenn eine Krise eintritt – das lernt man vom ersten Flug an, diese Krisen zu meistern und deshalb braucht man sie im Briefing eigentlich nicht mehr anzusprechen, weil jeder ganz genau weiß, was zu tun ist, wenn dies eintrifft.

Können Sie mir bitte sagen, wie Sie sich mental hierauf vorbereiten, wenn so ein Krisenpunkt auftritt und welche technischen Fähigkeiten Sie anwenden, aber bitte so, dass es für einen Laien verständlich ist.

Meine mentale Einstellung ist: Wenn ich einen Flug mache, kann ich mir gar nicht alle Krisen, die da eintreten können, vorstellen, denn es gibt unendlich viele! Aber ich stelle mir den ganzen Flugablauf vor: Ich mache den Start; ich fliege dorthin; wie sieht das Gelände aus; wo kann es Probleme geben mit dem Wetter; hat es Berge; komme ich überhaupt über die Berge, wenn das Wetter schlecht ist; was mache ich, wenn es so ist, usw. So versuche ich den ganzen Flug mir vorzustellen und sehe dann, wo gibt es Konflikte, wo kann es Probleme geben?

Sie machen das sozusagen im Vorhinein. Vor dem Flug überlegen Sie sich genau die Strecke und auch die evtl. Krisenpunkte?

So kann man relativ einfach Auswege aus einer Krise oder Konfliktpunkten finden, denn im Flugzeug selbst ist es meistens viel schwieriger. Wir als Piloten sagen: „Im Flugzeug ist man nur noch halb so gescheit!" Es sind einfach viele Eindrücke da und es geht alles sehr schnell, man hat wenig Zeit. Wenn ich am Boden den ganzen Flug einmal mental durchspiele bis zur Landung, dann sehe ich sofort: Ah, da gibt es irgendein Problem, das muss ich vielleicht anders lösen, oder hier gibt es ein Problem. Diese mentale Vorbereitung ist extrem wichtig, um eben diese Probleme auszumerzen.

Das wäre also das sog. Briefing?

Nein, das muss jeder Pilot selber machen, für seine Aufgabe, die er hat, also z. B. ein Verbandsmitglied in der Patt-Reserve, das nur mir nachfliegt. Er muss sich keine Gedanken machen, denn er muss einfach dem Leader nachfliegen. Aber über diese: Formationswechsel, was sind die Probleme, was habe ich letztes Mal dort falsch gemacht, was könnte ich verbessern? Und im Briefing selber, da werden eigentlich technische Fragen besprochen, werden Einzelheiten über den Flug bekannt gegeben, die nicht unbedingt Standard sind, also Funkfrequenzen, Treibstoffvorrat im Flugzeug, Flugzeugnummer, welches Flugzeug nehme ich, wo gehen wir hin, Koordinaten etc.

Ich verstehe! Aber jetzt interessiert mich eigentlich Ihre Vorbereitung. Sie stehen wie vielen Flugzeugen vor? Sie sind der Leader und haben wie viele Flugzeuge hinter sich und mit welcher Höchstgeschwindigkeit fliegen Sie?

Ich bin der Vorderste, fünf fliegen mir nach, so sind wir zu sechst im Team. Die Geschwindigkeit, die variiert zwischen 1.000 km/h und 300 km/h. Wenn wir einfach so über Land fliegen, sind es in der Regel um 800 km/h.

Wie viele Stunden dauert ein normaler Flug, und wie lange ist Ihre mentale Vorbereitungszeit für diesen Flug?

Der Flug dauert in der Regel 45 Minuten und die mentale Vorbereitung, würde ich sagen, eine Stunde mindestens.

Wie oft wich der Flug von Ihrer mentalen Vorbereitung ab, dass Sie also wirklich spontan doch anders agieren mussten im Flugzeug? Ist das schon mal vorgekommen?

Das ist in jedem Flug so, weil es jedes Mal anders ist. Die Umwelt ist immer anders, das Wetter ist anders, vielleicht gibt es kleine technische Probleme, vielleicht muss man einen anderen Weg wählen, weil die Flugsicherung das so wünscht. Mit der mentalen Vorbereitung kann ich die größten Probleme ausmerzen. Es gibt jedoch immer kleine Dinge und dafür wurde der Pilot ausgebildet und so selektioniert, dass er eben in der Luft Entscheidungen treffen und diese neue Situation beurteilen kann und einen Ausweg findet.

Im Grunde genommen, greifen Sie dann auf Ihre reiche Erfahrung, Flugerfahrung zurück?

Genau! Das kann man nur mit Flugerfahrung machen. Deshalb kann man nicht alles am Simulator trainieren, wie das gewisse Armeegegner wünschen. Der Pilot muss fliegen, um diese Erfahrung zu erhalten.

Ihre Erfahrung ist eigentlich immer anders. Es ist eine Fortschreibung Ihrer Flugerfahrung, die Sie dann ganz sicher beim Agieren, beim Fliegen sein lässt?

Das ist so, ja! Und man hat nie genug Erfahrung und viele Fehler darf man als Pilot auch nicht machen. Deshalb ist es sehr wichtig bei uns, dass die Erfahrungen der anderen Piloten eben auch kommuniziert werden, so dass jeder davon profitieren kann. Deshalb ist die Kultur bei uns so, dass jeder seine Fehler auch den anderen erzählt. Da gibt's Formulare, die man ausfüllen muss und die an alle verteilt werden, so dass eben alle Piloten lernen können. Man lebt nicht lange genug, um alle Fehler selbst machen zu können.

Und das macht man dann faktisch am Simulator oder auch anhand von Gesprächen?

Es wird aufgeschrieben, dann kann man das lesen und sieht, die Situation war so, der Pilot hat so reagiert, es war nicht gut wegen diesem und jenem, besser wäre es so gewesen. Dann hat man das gespeichert, und wenn man vielleicht selbst in diese Situation kommt, dann ist es irgendwo hier drin gespeichert und man merkt: Achtung, habe ich schon mal gehört, so ist es nicht gut, ich gehe lieber diese andere Richtung.

Was Sie gespeichert haben, können Sie spontan aus Ihrem Erfahrungsschatz herauslösen und agieren dann wirklich bei 1.000 km/h Geschwindigkeit?

Das wäre der Idealfall, ja! Es ist natürlich so, dass wir alle nur Menschen sind und alle Fehler machen. Das Ziel ist, möglichst wenig Fehler zu machen und manchmal kommt dann diese Vision in den Sinn und manchmal nicht – und dann macht man den Fehler halt noch einmal. Wir sagen immer, der gute Pilot ist derjenige, der einen Fehler nur einmal macht, weil es beim zweiten Mal vielleicht tödlich sein könnte.

Wenn Sie jetzt so zurückdenken – ich möchte also nicht indiskret sein – wie viele Fehler, also leichte Fehler, haben Sie ungefähr schon gemacht? Wie viele Flugstunden haben Sie?

Ich habe 2.300 Flugstunden und es sind Tausende von Fehlern, die ich gemacht habe.

Aber sie waren nicht gravierend, denn sonst würden Sie mir
ja nicht gegenübersitzen?

Sie waren nicht so gravierend, oder wenn es gravierende Fehler waren, hat der Schutzengel halt gesagt: „Es ist noch nicht
Zeit für dich, ich mache, dass es anders kommt." Man
braucht immer auch Glück, der beste Pilot macht Fehler.
Wenn es halt sein muss, dann ist der Unfall tödlich.

Meine direkte Frage: Wie würden Sie Ihre Strategie benen-
nen? Welche Strategie wenden Sie grundsätzlich an?

Die Strategie bei uns in der Fliegerei ist die Prävention. Wir
versuchen gar nicht erst, in diese kritische Situation zu kommen, also den freien Fall, wie Sie ihn schildern, den möchten
wir gar nicht erreichen, sondern wir versuchen, dies zu ver-
hindern, indem die Ausbildung Step by Step ist. Wir fangen
mit kleinen Flugzeugen an, werden immer schneller, und so
wächst man hinein. Es gibt viele Vorschriften, mit Minimal-
höhen, Mindestsichtweiten usw. Wenn man die einhält, sollte man auch nicht in die Gefahrenzone kommen. Wir planen
immer mit Reserven, also der Patt-Reserve, wir haben Abstand zwischen den Flugzeugen. Wenn mal irgendetwas ist,
dann verhindert die Reserve eine Kollision, und wir haben
den Simulator, wo man all diese Gefahren, die wir nie erleben
möchten, eben trainieren können. Das ist unsere Strategie der
Prävention.

Zum Simulator: Haben Sie da mal den freien Fall simuliert?

Ja, den freien Fall im Sinne von totaler Hoffnungslosigkeit im
Flugzeug. Ja, das simuliert man!

Und jetzt sagen Sie mir bitte, was sind da die Gegenpole, dass
man diesen freien Fall aufhält und im Simulator eine weiche
Landung hat?

Es gibt Situationen, wo es die weiche Landung gar nicht mehr geben kann. Da gibt es für uns nur den Schleudersitz und das ist unser letztes Auffangnetz, diesen Service zu gebrauchen. Aber die Hemmschwelle, das zu tun, ist natürlich sehr groß, weil das Flugzeug verloren ist, es stürzt irgendwo in einem Gebiet ab, wo man nicht weiß, wo es hinfällt und da hat man Hemmungen.

Haben Sie das selbst schon einmal erlebt, in der Praxis?

In der Praxis habe ich das schon erlebt, ja, dass ich in einer aussichtslosen Situation war, und ich habe gar nicht an den Schleudersitz gedacht. Das ist noch eindrücklich, habe ich gefunden, dass man denkt, jetzt wird es wahrscheinlich nicht mehr reichen und versucht, einfach das Flugzeug zu retten, aber man denkt keine Sekunde an den Schleudersitz ...

Also, an sich selbst?

Ja, weil die Gedanken so beim Fliegen sind und man mit Adrenalin vollgepumpt ist. Kaum ist die Situation vorüber, weiß man, es hat geklappt, denkt man: Oh, ich hätte noch einen Schleudersitz gehabt!

Das finde ich hochinteressant. Sie haben sich so mit der Sache identifiziert, mit dem Fliegen, dass Sie Ihre eigene Person vergessen hatten und das hat Ihnen eigentlich auch das Leben gerettet, wenn man das so formulieren kann. Was war das dann: Coolness? Coolness und eine gewisse Automatik aus Ihrem Erfahrungsschatz, könnte man es so formulieren? Sie haben automatisch Ihre Erfahrung eingesetzt, Punkt für Punkt?

Ich denke nicht, dass es in dieser Situation Erfahrung war – es war nur noch Hoffnung, dass es reicht.

Und natürlich Technik?

Die Technik muss auch funktionieren, aber wenn es ganz knapp wird, denkt man eben nicht mehr an sein eigenes Leben in dieser Situation.

Aber ich meine doch, Sie haben die Technik beherrscht, sonst hätten Sie sich nicht wieder aus dem freien Fall befreien können.

Ja, und diese Technik lernt man eben im Simulator, weil man das nicht im richtigen Flugzeug trainieren kann. Das wäre viel zu gefährlich. Der Simulator hat schon viele Flugzeuge und Menschenleben gerettet.

Was war dann, wie Sie wieder auf die Erde kamen, was war Ihr erster Gedanke? Haben Sie bei Ihrem Flugverhalten nachher auch etwas verändert, nach diesem persönlich tiefgreifenden Erlebnis?

Ich habe dann natürlich das Ganze schon analysiert, wieso ist das so gekommen? Ich habe auch sehr schnell den Fehler gefunden und das den anderen so mitgeteilt, dass sie nicht den gleichen Fehler machen.

Hatten Sie ein anderes Bewusstsein zum Fliegen, als Sie daraufhin wieder in's Flugzeug gestiegen sind?

Nein, das würde ich nicht sagen. Ich ging genau am nächsten Tag wieder mit der gleichen Freude fliegen. Man ist vielleicht ein bisschen näher beim Leben und denkt: „Wow, das Leben ist eigentlich schön, all diese Dinge, die ich noch nicht gesehen habe!" Solche Sachen denkt man schon.

Den Flug danach haben Sie dann ganz bewusst erlebt und haben ihn auch genossen. Ja, das ist ein interessanter Aspekt!

Ja, das flacht mit der Zeit wieder ab, irgendwann vergisst man, drängt es in Hintergrund, und irgendwann ist man wieder an diesem Punkt angelangt, wo man vorher war.

Ja, aber trotzdem haben Sie's gespeichert. Ich glaube, falls Sie wieder in eine solche Situation kommen, würden Sie wahrscheinlich wieder so agieren und wahrscheinlich die Hoffnung noch früher einsetzen?

Ja, und wenn ich wieder in der gleichen Situation wäre, dann ist ein so eindrückliches Erlebnis tief gespeichert. Ich würde gar nicht mehr so weit kommen, weil ich vorher die Alarmglocken sehen würde und sagen: „Daniel, da warst du schon mal, das geht nicht gut, mach besser was anderes.

Und wie haben die fünf Flugzeuge hinter Ihnen reagiert?

Da war ich allein.

Sie waren allein! Angenommen, es wäre Ihnen als Leader passiert, und die fünf Maschinen wären hinter Ihnen gewesen? Die hätten ja nicht so schnell agieren können?

Nein, das wäre gar nicht gut gewesen. Das wäre vor allem ein Vertrauensverlust in meine Person gewesen. Wenn man so ans Limit gehen muss, dann verlieren die anderen das Vertrauen.

Und die anderen hätten vielleicht den Schleudersitz ausgelöst?

Vielleicht! Sonst hätte es vielleicht gar nicht gereicht. Das weiß man nicht. Aber deshalb fliegt vor allem der Leader mit viel mehr Reserven, dass die anderen Flugzeuge immer ein gutes Gefühl haben und dass sie spüren: Ich habe Reserve, wenn irgend etwas nicht gut geht. Und so am Limit fliegen, darf höchstens der Solist, der allein herumfliegt. Der kann schon ein bisschen mehr machen, er muss ja keine Rücksicht nehmen.

Ich verstehe! Und jetzt eine andere Frage: Wie motivieren Sie sich selbst, wenn Sie mal ein gewisses Down haben? Denn ich meine, Sie sind ja keine Maschine und es ist ein Beruf, der erfordert wirklich das höchste Maß an Anstrengung und Intelligenz von Ihnen. Wie motivieren Sie sich zu dauernder Leistung und vor allem, dass Sie auch die anderen motivieren?

Das Schöne ist, für's Fliegen müssen wir uns nicht motivieren, weil wir das alle gerne machen. Wenn wir mal eine Woche haben, wo wir eben nicht fliegen, wenn man derjenige ist, der die ganzen Einsätze planen muss, da fehlt oft die Motivation. Man sagt sich einfach, jetzt beiße ich es durch, ich mache das, weil ich in der nächsten Woche wieder fliegen kann.

Und was ist es, was Sie so fasziniert am Fliegen? Die Freiheit, also der Freiheitsdrang und dass Sie über allem schweben und vor allem mit einer rasenden Geschwindigkeit?

Freiheit, so viel Freiheit gibt es gar nicht beim Fliegen! Aber es ist die dritte Dimension, die man neu erleben kann, eine Mischung zwischen Technik und Geschwindigkeit. Ja, diese Mischung gibt einem Adrenalin im Körper, eine Faszination, die man eigentlich nicht beschreiben kann, sondern erleben muss. Das ist wie beim Autorennfahrer, das ist zwar gefährlich, aber er geht immer wieder in's Auto, auch wenn er Unfälle gehabt hat, weil er das muss, weil er es so gerne macht.

Wäre es fast mit einer Sucht zu vergleichen? Sie könnten sich nicht vorstellen, nicht mehr zu fliegen und vor allem, angenommen, Sie hätten mal wirklich einen schweren Unfall, dann würden Sie trotzdem wieder, wie Nicki Lauda, in Ihre Maschine steigen?

Ich denke, das würde ich. Natürlich verändert ein Unfall das persönliche Empfinden. Aber es ist wirklich eine Sucht und ich könnte mir ein Leben ohne Fliegerei gar nicht vorstellen. Wenn es mal soweit ist, dass ich nicht mehr fliegen kann, dann könnte ich mir schon vorstellen, dass ich mit mir ein Problem bekomme, wenn ich das, was ich am liebsten machen, nicht mehr tun kann.

Das ist ein gutes Schlusswort. Ich bedanke mich vielmals, Herr Staempfli, und ich beneide Sie um Ihren Beruf und Ihre Leidenschaft.

Teil II
Identitäten der Persönlichkeiten

Allen meinen Interviewpartnern wurden dieselben Fragen gestellt – die Antworten sind jedoch so unterschiedlich, dass ich die Interviews vorerst einmal so stehen lassen will und eine Interpretation im Verlaufe des Buches versuche, den entsprechenden Kontexten gemäß.

Eines lässt sich allerdings bereits jetzt schon mit Sicherheit sagen, dass die Aussagen je nach Charakter, Persönlichkeit, beruflichen und privaten Umständen variieren und erstaunliche Einsichten zeitigen.

1 Talente

Die Pisa-Studie brachte Licht in den Bildungsdschungel und verwies auf gravierende Mängel im Ausbildungssystem. So versuchte eine Studie der Boston Consulting Group (BCG) einen Gegenpol zu setzen mit dem Titel: „Die Zukunft bilden. Eine gemeinsame Aufgabe für Schule und Wirtschaft" (2002). Im Verlauf von fünf Jahren wurden insgesamt 75 Unternehmen und Experten befragt. Fazit dieser Studie ist die Forderung nach weniger wissenschaftlicher als persönlichkeitsbezogener Ausbildung, entsprechend der Fähigkeiten und Talente des Einzelnen.

Demnach verlangt die turbulente, globale Gegenwart und Zukunft Persönlichkeiten, die differenziert und sensibel Eigeninitiative, strategisches und vernetztes Denken, Ergebnisorientierung und Überzeugungskraft ein- und umsetzen können. Manager mit „Tunnelblick" sind passé. Arbeitgeber aller Branchen setzen immer mehr auf Eigeninitiative, Engagement und Energie (E3) und Wissen (W).

Die Formel E3 + W beinhaltet jedoch eo ipso strategisches
Denken und Handeln sowie global einzusetzende Vernet-
zungspotenziale. Weitere Forderungen sind: analytisches
Denken gekoppelt mit Soft Skills (Kooperationsfähigkeit, Beziehungsmanagement, Teamhandeln) – kurzum ein breites
Spektrum von Wissen, Erfahrungen und Kreativität, um nicht
zu sagen: Multitalente!

Aber was ist nun ein Talent und wie ist dieses zu definieren
in einer Kurzform? Im ursprünglichen Sinne bezeichnet „Talent" die Währung der alten Ägypter und zwar ein bestimmtes Goldstück. „Talente" in unserem Sprachgebrauch sind
Menschen, die leichthändig mit großem Erfolg Dinge tun, die
wie selbstverständlich aussehen. Und es macht ihnen auch
noch Spaß! Wenn wir solchen Menschen im Beruf oder in unserem Alltag begegnen, sind wir meist fasziniert von der
Leichtigkeit und Lebensfreude, die sie ausstrahlen.

Talent ist etwas, was man gerne tut und gut kann – es ist an-
geboren. Aber viele Talente, die wir haben, sind sozusagen
verschüttet und uns selbst gar nicht bewusst. Man könnte
auch sagen: „Ein Talent ist das, was man gerne tun würde
oder an anderen bewundert. Wir sprechen hier von einem ver-
deckten Talent." (CERNY, 2002). Und weiter: „Unsere Talente sind die Fähigkeiten, die wir ins Leben mitbekommen haben. Diese unterscheiden sich von denen unserer Mitmen-
schen. Unser Talentbündel ist außerdem dazu da, um unsere
Sehnsüchte in einer Aufgabe beziehungsweise einer Mission
verwirklichen zu können."

Entscheidend ist, dass wir im Verlaufe unseres Lebens unsere Talente erkennen und sinnvoll einzusetzen wissen. Vielleicht könnte man in diesem Zusammenhang auch von einem
gewissen Selbst-Coaching sprechen (s. NEUBEISER, 1990) –
einer Stärken- und Schwächenanalyse, um seine Stärken demnach gezielt und effizient zu nutzen!

Hierzu gehört logischerweise auch die zielgerichtete Berufs-
wahl und -ausübung. Denn nur was uns Freude macht, werden wir auch gerne und mit Erfolg tun!

CERNY geht noch einen Schritt weiter und ordnet die einzelnen Talente in einer Typologie, entsprechend den vier Elementen: Ausgehend von der griechischen Mythologie der Ent-
stehungsgeschichte des Kosmos gibt es

– Erde
– Luft
– Feuer
– Wasser

Die Stärken des Erdtyps sind Struktur, Organisation, Kontinuität. „Das wichtigste Anliegen eines Menschen besteht darin, etwas von Wert zu schaffen und dies zu erhalten." Ein Erd-
mensch ist dem Boden verhaftet, auf dem er steht, er hat eine gewisse Unbeweglichkeit, aber ruht in sich, er liebt feste
Formen und kann somit klar strukturieren, er grenzt sich ab
in Sachlichkeit und Distanzierung und ist letzten Endes dau-
erhaft in seinen Beziehungen und in seiner Kontinuität.

Die Stärken des Lufttyps sind Vision, Innovation und Kommunikation. „Gleichgewicht ist die Grundlage des großen
Werkes." Der Lufttyp ist nicht immer greifbar, denn er ist be-
weglich, flexibel, kreativ und wendig. Er ist zwischen allem,
und damit kann er gut vermitteln, kommunizieren in allen Va-
rianten, er ist neugierig, wissensdurstig und vielseitig. Ferner
bietet er keinen Widerstand und ist somit harmonisierend, re-
lativierend, aber auch unverbindlich, diplomatisch und oft
unentschlossen.

Die Stärken des Feuertyps sind Durchsetzung, Motivation
und Herausforderung. Er strebt nach Führung, Karriere, Autorität – er brennt sozusagen nach oben! Er verbrennt aber

auch das Umfeld: mit Begeisterung, Tatkraft, Aggression und Rücksichtslosigkeit. Ferner breitet er sich mit Dynamik, Schnelligkeit und Übergriffen rasch aus und strahlt Hitze mit Energie, Lebendigkeit, Macht und Chaos aus. „Anfangen ist leicht, doch Beharren ist eine Kunst."

Die Stärken des Wassertyps sind Einfühlungsvermögen, Kooperieren und Coachen. „Ich bringe Leben, wo immer ich hinkomme. Ich berühre jeden, dem ich begegne." Ein Wassertyp sucht nach Tiefe, ist introvertiert und hinterfragend. Er umgeht Hindernisse mit Beschwichtigungen, Kompromissen und Beruhigungen. Er fügt sich in Formen mit Hingabe, Unterordnung und Gelassenheit und letzten Endes nimmt er Stoffe auf mit Empfindsamkeit, Gefühl, Anhänglichkeit und Hingabe.

Sicherlich vereinbaren wir alle vier Elemente in gewisser Hinsicht in uns, aber das eine oder andere Element wird in uns vorherrschen und damit dominant sein. Entsprechend sollte man seine Stärken und Fähigkeiten entwickeln und seine ursprüngliche Identität bewahren.

Nicht umsonst greift der Begriff „Work-Life-Balance" in den letzten Jahren immer mehr um sich. Gemeint sind hierbei die verschiedenen Bereiche, in denen wir unsere Talente wirkungsvoll einsetzen müssen, um wohlbehalten zu überleben. Die Familienforscherin ELLEN GALINSKY, Leiterin des New Yorker „Families and Work Institute", äußerte sich in diesem Zusammenhang dahingehend: „Es gehe nicht darum, zu jeder Zeit ein Gleichgewicht zwischen den Sphären zu finden, sondern vielmehr darum seine Persönlichkeit erfolgreich durch die Turbulenzen beider Bereiche zu navigieren." (zit. in GDI-Impuls, Nr. 2/01)

Unternehmen nehmen diese Forderung heute zum Anlass, mehr denn je flexible Arbeitszeitmodelle zu kreieren, für Singles, weibliche Führungskräfte, Doppelkarrieren in Ehen und Lebensgemeinschaften, vorübergehende Aussteiger etc. – ganz abgesehen von drohender Arbeitslosigkeit!

GISELA ANNA ERLER, Familienforscherin und Autorin, drückt das so aus: „Die Arbeitsverhältnisse in der Wissenswelt werden zwar härter, doch wird die Position des Einzelnen dabei auch stärker – und zwar ebenfalls diejenige von Mitarbeitern mit mittlerer Qualifikation. Gewiss, die neuen Arbeitskräfte müssen sehr flexibel sein, aber immer mehr von ihnen haben jetzt die Möglichkeit, etwas von dem einzufordern und umzusetzen, was im Industriezeitalter verloren ging: eine geringere Aufteilung der Lebenssphären, ein Leben mehrerer Rollen, das Experiment mit verschiedenen Phasen und Identitäten. Work-Life-Management bedeutet letztlich, Menschen derart zusammenzuführen, dass sie ihre verschiedenen Funktionen – im Betrieb und außerhalb – erfolgreich ausfüllen können." (Das Work-Life-Paradox, in GDI-Impuls Nr. 2/01).

Eine Untersuchung „Soft Skills" (B. HERRMANN, 2001) soll dies veranschaulichen:

□ Kaufmännischer Bereich, Verkauf (z. B. Versicherungsvertreter)
O Kommunikation, Öffentlichkeitsarbeit (z. B. Journalist, Pressesprecher)
◇ Schulung und Training

	kaum gefordert 1	2	gefordert 3	4	stark gefordert 5
Einfühlungsvermögen					□ O ◇
Durchsetzungsvermögen			◇ □		O
Überzeugungskraft			O		□ ◇
Konfliktmanagement			O ◇ □		
Teamfähigkeit			O ◇ □		
Kundenorientierung					□ O ◇
Soziabilität			O ◇ □		
Flexibilität					□ O ◇
Zeit- und Selbstmanagement				◇	□ O
Verhandlungskompetenz			O	◇	□
Verkäuferische Kompetenz				◇	□ O ◇
Kontaktmanagement				◇	□ O
Führungskompetenz	□ O			◇	
Gewissenhaftigkeit		□	O	◇	
Umsetzungsorientierung				◇	□ O

Abb. 1: Welche Eigenschaften für welchen Beruf?   Quelle: Soft Skills (B. Herrmann, 2001)

2 Das Enneagramm der Beziehungen

Führen hat immer mit Menschen zu tun – aber in erster Linie
auch mit uns selbst. Denn wer authentisch Wege und Ziele
aufzeigen will, der sollte nicht nur über seine eigenen Stärken
und Schwächen Bescheid wissen, vielmehr auch imstande
sein, seine Beziehungen auszuloten. Und zwar in allen beruflichen Turbulenzen – aber auch in der Stille.

Wie finden wir nun zu uns selbst und damit zu den anderen?
Die moderne Psychologie bietet viele Möglichkeiten in Form
von Gesprächs-, Verhaltens-, Gestalt- und sonstigen Therapien an, ganz abgesehen von der Psychotherapie. Die eigene
Person steht jedoch bei all diesen Therapieformen so im Mit-
telpunkt, dass unser situatives Umfeld nicht in dem Maße
berücksichtigt wird, wie es sein sollte, um wirklichen Nutzen
für uns selbst zu bringen. Denn die intellektuelle Einsicht
reicht nicht aus, um sich hinreichend zu verändern. Die emotionale Einsicht muss hinzukommen.

Hier kann das *Enneagramm* weiterhelfen. Dieser Begriff wurde zum ersten Mal von GEORG IWANOWITSCH GURDJIEFF
(1873-1949) eingeführt und umfasst neun archetypische Per-
sönlichkeitsstrukturen. Diese Strukturen werden bereits in
der Kindheit angelegt und begleiten uns ein Leben lang. Es
sind unsere Wahrnehmungs-, Denk-, Fühl- und Verhaltens-
stile, die uns zur Gewohnheit geworden sind und solange
funktionieren, bis wir in eine Krise kommen, also eine berufliche oder private Herausforderung erleben.

Wir alle kennen diese Situationen, in denen wir auf einmal
nicht mehr weiter wissen. Die alten Muster versagen – und
neue haben wir nicht zur Hand! Der Schriftsteller ALDOUS
HUXLEY sagte einmal: „Das, was du bist, hängt von drei Fak-
toren ab – von deinem Erbe, von deiner Umgebung und davon, was du in freier Wahl aus deinem Erbe und deiner Umgebung gemacht hast."

Im Klartext kann das heißen, dass das biologische Erbe von
unserer Umwelt so beeinflusst worden ist, dass wir uns als
Kind notgedrungen – jedoch unbewusst – in eine Richtung begeben haben, die unserer eigentlichen Natur nicht entspricht.
Vielleicht fühlen sich daher manche Menschen „in ihrer Haut
nicht wohl", weil sie sich bestimmte Muster als „Überle-
bensstrategie" aneignen mussten. Private und berufliche Beziehungen bleiben naturgemäß hiervon nicht unberührt, es
muss zu Wechselwirkungen und Verstrickungen kommen,
die uns zu schaffen machen und die gelöst sein wollen.

Maria-Anne Gallen und Hans Neidhardt (1994) haben
hier Pionierarbeit geleistet und beschreiben es exakt. Charaktermuster sind Beziehungsstile. Das heißt „eine spezifische
Art und Weise, mit der Umgebung (den Menschen und den
Dingen) in Beziehung zu treten und in Beziehung zu sein."
Und weiter: „Das Charaktermuster soll vor einer Wiederho-
lung der Kindheits-Not schützen, und das tut es auch in gewisser Weise. Gleichzeitig wird die erwachsene Person auf das
gewohnte Erleben und Verhalten reduziert, kann nicht mehr
frisch und unbefangen auf eine Situation reagieren, vermei-
det dadurch Erfahrungen, die nicht ins Muster passen und die
korrigierend wirken könnten."

Somit blockieren wir uns selbst, solange bis „wir mit den
Spielregeln, die uns die Charaktermuster zu diktieren schei-
nen, bewusster umgehen können, um unser Leben und unsere Beziehungen befriedigender zu gestalten."

Gallen fragt nach, beispielsweise:

– Warum regen wir uns immer wieder über dieselben Sachen
  oder Leute auf?
– Warum fühle ich mich so oft ausgenützt?
– Wieso erwidert sie meine glühende Liebe nicht?
– Warum werde ich abgewiesen, wo ich es doch bestimmt gut
  meine?

– Warum blühen manche Leute auf, wenn man sie lobt,
  während andere zusammenzucken?
– Wann haut mein Chef endlich einmal auf den Tisch?

Das können „Knotenfragen" sein – zwischenmenschliche
Missverständnisse, die der Auflösung mit den neun Ennea-
gramm-Charaktermustern bedürfen.

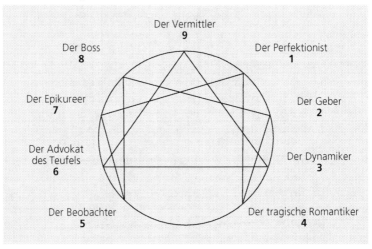

Abb. 2: *Das Enneagramm der Persönlichkeitstypen (nach* PALMER, 2000*)*

1 Der Perfektionist
Gerne kritisiert er sich selbst und andere. Er fühlt sich meist
moralisch überlegen und für ihn gibt es meist nur einen richtigen Weg. Er hat Angst Fehler zu machen und toleriert diese
auch nicht bei anderen. Er sagt sehr oft „man sollte" und
„man muss". Dies schließt nicht aus, dass diese Menschen
scharfsinnige Kritiker und moralisch integer sind.

2 Der Geber
Er verlangt Zuneigung und Anerkennung, er möchte ge-
schätzt und geliebt werden, vor allem von einem Menschen,
dem er hilft, um unentbehrlich für diesen zu werden. Er er-

kennt die Bedürfnisse der anderen sehr rasch und intuitiv und erfüllt sie auch, kann jedoch hierdurch auch manipulativ sein! Der Gebertyp verfügt über viele Gesichter, er kann aggressiv bis verführerisch sein. In jedem Fall ist er jedoch aufrichtig, hilfreich und fürsorglich.

3 Der Dynamiker
Hier stehen Leistungen und Errungenschaften im Vordergrund, Statusvergleiche, Wettbewerb und Gewinnziele stets vorrangig. Dieser Typus gibt viel auf äußeren Schein und vermischt private und berufliche Identität häufig. Entwickelte „Dreier" sind effiziente Führungspersönlichkeiten, kompetente Werbeleute und „Peak-Performers".

4 Der tragische Romantiker
Er lebt in Träumen und Sehnsüchten – die Gegenwart ist für ihn nie ideal besetzt, wie auch immer das Szenario sein möge. Er ist begabt, sensibel, künstlerisch – aber auch tragisch, traurig und romantisch. Meist konzentriert er sich auf das nicht Vorhandene – die abwesenden Freunde, Geliebten etc. Entwickelte „Vierer" leben intensiv mit Geburt, Sexualität und Tod und sind dadurch fähig, anderen Menschen in ihrem Leid beizustehen. Sie sind schöngeistig und kreativ.

5 Der Beobachter
Er schützt vor allem die Privatsphäre, indem er emotionale Distanz wahrt. Er selbst gibt sich „bedürfnislos", um somit auf die Bedürfnisse anderer nicht eingehen zu müssen. Verpflichtungen sind ihm eine Last, denn er möchte losgelöst von Menschen, Gefühlen und Dingen sein. Dieser Enneagramm-Typ zeichnet sich durch klare Entscheidungskompetenzen aus, ist zu hoher Abstraktion fähig und kann dadurch auch ohne Mühe asketisch leben.

6 Der Advokat des Teufels
Er ist das pure Gegenteil zum „Fünfer", da er nur zögerlich handelt und ängstlich, pflichtbewusst und von Zweifeln ge-

plagt ist. Er ist antiautoritär, aufopferungsvoll und loyal, dadurch jedoch auf Verliererangelegenheiten konzentriert und somit abwartend und unschlüssig. Nur zu leicht fühlt er sich von seiner Umwelt in die Enge getrieben und in exponierter Stellung anscheinenden Angriffen ausgesetzt. Entwickelte „Sechser" sind hervorragende Team-Mitglieder, gute Freunde und setzen sich vorrangig für andere ein.

7 Der Epikureer
Hier finden wir „das ewige Kind" unter den Enneagramm-Charakteren – abenteuerlich, stets in Hochform, neugierig, flatterhaft, immer glücklich scheinend und stets für seine Umgebung anregend und liebenswert. Er führt Dinge gerne an, findet zündende Ideen, lässt sie jedoch von anderen zu Ende führen. Entwickelte „Siebener" sind hervorragende Theoretiker, finden leicht zu Synthesen bei Widersprüchen und sind stets auf der Suche nach neuen Einfällen und kreativen Ideen.

8 Der Boss
Dieser Typ liebt Auseinandersetzungen, ist kämpferisch im Umgang mit Sachen und Menschen, neigt dazu, andere aufgrund seiner Machtposition zu sehr einzugrenzen – sprich zu beschützen. Gegenüber seinen Gegnern ist er sehr respektvoll und konfrontiert sie fair, aber hart. Er liebt das Leben und hat einen exzessiven Lebensstil. Entwickelte „Achter" sind hervorragende Führungspersonen, insbesondere in Turbulenzen. Sie sind wahre Freunde und eine wirkliche Stütze für andere, die schwächer sind.

9 Der Vermittler
Hier kommen alle Standpunkte einer Sache hinreichend in Betracht – der Vermittler stellt seine eigenen Wünsche zugunsten anderer in den Hintergrund, da er diese besser als seine eigenen kennt. Er schaltet gerne ohne besondere Vorkommnisse ab, da er sich nicht gerne Gedanken um seine Positionierung macht. Eine klare Entscheidung ist ihm meist lästig. Aggressionen äußert er indirekt. Entwickelte „Neuner"

sind gute Berater, Friedensstifter und sogenannte Unterhändler. Einmal in Bewegung gekommen, können sie sehr leistungsfähig sein.

Wie erkennen wir denn nun, in welches Enneagramm-Schema wir passen? Sicherlich sprechen wir bewusst und unbewusst bereits beim Lesen der verschiedenen Charakterstile auf dies oder jenes an: hier erkennen wir uns sofort wieder, hier zögern wir etwas und müssen überlegen, und dort wissen wir sofort, dies trifft für uns keineswegs zu! Vielleicht fällt uns aber auch sofort das Verhalten eines Bekannten oder Freundes ein, auf das dieses oder jenes Muster passt.

Wenn wir jetzt der Frage der Befindlichkeiten nachgehen und die nötige Ruhe und Zeit für uns nehmen, kommen wir uns selbst näher. GALLEN (2002) nennt dies „den inneren Weg der empathischen Suchhaltung". Dies kann der erste wichtige Schritt eines persönlichen Entwicklungswegs mit dem Enneagramm sein! „Ein solches Evidenz- oder ‚Aha'-Erlebnis kann sehr stark, bisweilen sogar schockierend sein, dann fühlen Sie sich ‚wie vom Blitz getroffen', manchmal setzt es eher sanft ein (erst dämmert es mir, dann geht mir ein Licht auf). Wie auch immer – Sie selbst sind ‚der Experte/die Expertin' für Ihre höchstpersönliche Variante Ihres Strickmusters!"

Verwicklungsmöglichkeiten – Wechselwirkungen

Die neun Charaktermuster des Enneagramms stehen naturgemäß miteinander in Beziehung. Dies gilt sowohl für uns selbst, weil wir verschiedene Muster in uns haben, als auch in der Beziehung mit anderen.

GALLEN stellt die entscheidenden Fragen zur Selbst- und Beziehungsfindung:

- Wie stehe ich zu mir selbst in Beziehung?
- Wie ist mein Kontaktverhalten?
- Was wünsche und brauche ich zutiefst in Beziehungen, um mich geliebt zu fühlen?
- Was verletzt mich am meisten?
- Wie bin ich und wie geht es mir, wenn ich mich in einer hierarchischen Beziehung in der unteren/oberen Position befinde?
- Was stört andere an mir? In welche Beziehungsfallen locke ich (ohne es zu wollen oder zu wissen) andere immer wieder?
- Welche positiven Beziehungsqualitäten kann ich zur Verfügung stellen?
- Was ist die Dynamik, mit der ich mich weiter in mein Muster verstricke?

Bei der letzten Fragestellung spricht GALLEN von einer „Selbstverstrickungsspirale", die so funktioniert:

> Je weniger ich mich selbst liebe / je weniger ich
> mich geliebt fühle ...
>
> desto mehr agiere ich in meinem Muster, um zu
> bekommen, was mir fehlt (um die Sehnsucht
> zu stillen) ...
>
> desto weniger bekomme ich das (weil das Agieren im Muster unbewusst die Erfüllung der
> Sehnsucht vereitelt) ...
>
> desto weniger fühle ich mich geliebt und agiere
> noch mehr in meinem Muster usw.

Es klingt paradox – aber je mehr wir uns um das bemühen, was wir brauchen, desto weiter entfernen wir uns von unserem Ziel! Wir müssen unsere Muster bewusst durchbrechen!

„In erster Linie dient das Enneagramm ja der Selbstklärung. Es hilft dabei, sich auf sich selbst zu besinnen, den eigenen Möglichkeiten und Unmöglichkeiten, Verwicklungstendenzen und Verhakungen auf die Spur zu kommen. Die empathische Suchhaltung zielt zunächst auf das eigene Erleben, auf das eigene Verhalten und seine versteckten Motive, auf das eigene Muster. In zweiter Linie hilft das Enneagramm dann, den Beziehungspartner von seinem (anderen) Muster her zu sehen und zu verstehen ... ich kann dich, unabhängig in deiner Eigenart genauer verstehen und dich darin gelten lassen." (GALLEN, 2002)

Dies ist der entscheidende Grundgedanke aller Kommunikation, die funktionieren soll: dass ich mein Gegenüber bei Widersprüchen unabhängig von meiner Person – sozusagen von der Distanz her – in seinen Wesens- und Verhaltenszügen sehen und akzeptieren kann. Wichtig hierbei ist allerdings, sich nicht aus der Beziehung zu entfernen und zurückzuziehen!

Nicht umsonst habe ich bei all meinen Interviews bewusst nach dem Austausch der eigenen Muster gefragt – dem Beginn eines Veränderungsprozesses, der neue Inputs und Verhaltensmuster auslöst. Aber hiervon später!

In der spirituellen Psychologie GURDJIEFFs, ICHAZOS, PALMERS u. a. wird das Enneagramm auch als Instrument des „Aufwachens" genutzt – als „Hilfe zur Stärkung des inneren Beobachters" und somit als Wegweiser zu höheren Bewusstseinszuständen (transpersonales Bewusstsein, Erlösung, Gnade u. a.). Diese geistigen Erlebnisse geschehen einfach (s. Interview mit Abt Dr. Schönbächler), sie lassen sich weder herbeitherapieren noch durch Meditation erzwingen.

Das Enneagramm als „Wegweiser-Modell" schreibt den neun Positionen neun Leidenschaften und neun Tugenden (höhere Gemütszustände) zu. Das Negative lässt sich sozusagen durch persönliche Arbeit in positive Energien umfunktionieren: So

wird aus Stolz Demut, aus Täuschung Wahrheit, aus Neid
Gleichmut, aus Lust Unschuld usw.

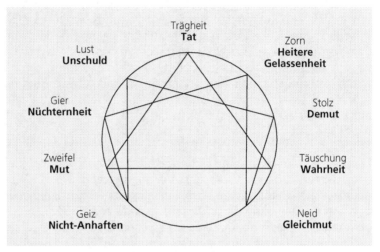

Abb. 3: Das Enneagramm als Wegweiser (nach GALLEN, 2002)

Die persönliche Beziehungsarbeit kann so aussehen (GALLEN):

Absichtslosigkeit
„Ich zeige dir meine eigene Wahrheit und erwarte nicht, dass
du sie zu der deinen machst. Ich habe kein Interesse daran,
dich verändern zu wollen, so dass du mir besser in meinen
Kram passt."

Akzeptanz
„Ich lasse meine Wahrheit so gelten wie deine und verzichte
auf Bewertungen. Ich versuche, genau zu verstehen, aus welchem eigenen Erlebnishintergrund meine Reaktionen kommen und was da bei dir anders ist als bei mir."

Aufmerksamkeit
„Ich bin anders als du, du bist anders als ich – ich bin neugierig darauf, dich genauer kennen zu lernen. Wie bist du ei-

gentlich gestrickt? Wie springt mein Strickmuster auf deines
an?"

Man könnte diese Haltung schlicht auch Toleranz nennen!
Die jedoch aus der Auseinandersetzung und nicht aus der
Gleichgültigkeit entspringt!

3 Quellen der Identität

Einen weiteren Einblick im Zusammenhang mit Führung ergibt eine hochinteressante Forschungsarbeit der Identity
Foundation, Düsseldorf, in Zusammenarbeit mit der Universität Hohenheim, Institut für Sozialwissenschaften, Prof. Dr.
EUGEN BUSS: „Quellen der Identität. Eine Studie zum Selbst-
verständnis deutscher Top-Manager der Wirtschaft" aus den
Jahren 2001 und 2002. Während über Unternehmenskultu-
ren und Führungsstile viele Forschungsergebnisse vorliegen,
sind wissenschaftliche Erkenntnisse über die Quellen der
Identität von Führungspersönlichkeiten und über ihr Selbst-
verständnis, ihre Wertehorizonte und normativen Leitbilder,
kurzum die Fundierung ihrer Identitätskonzepte eine absolute Lücke.

Mit 56 Top-Managern der deutschen Wirtschaft wurden in
einem Zeitraum von sechs Monaten im Jahr 2000 leitfaden-
gestützte Gespräche von jeweils 60 bis 120 Minuten geführt.
Die befragten Top-Manager bildeten einen Querschnitt der
wirtschaftlichen Führungselite der größten und bedeutend-
sten Wirtschaftsunternehmen Deutschlands.

Hierbei ist zu beachten, dass die erste Entscheiderebene der
großen deutschen Unternehmen wenig mit den „Industrieka-
pitänen" der Gründerzeiten zu tun hat (z. B. Krupp, Thyssen,
Siemens, Bosch oder Grundig). Nur ein ganz geringer Pro-
zentsatz der Top-500-Unternehmen ist heute inhabergeführt

– so fungieren die Top-Manager als „leitende Angestellte",
die von den Kapitaleignern auf Zeit bestellt und durch den
Aufsichtsrat kontrolliert sind. Sie repräsentieren das Unternehmen nach außen und sind für die gesamte Kommunikation verantwortlich.

Alle Gesprächsteilnehmer der Studie waren männlich, zu 92
Prozent verheiratet, 85 Prozent haben Kinder. Sie leben in ge-
ordneten Familienverhältnissen und sind zwischen 50 und etwas über 60 Jahren. Studiert haben 96 Prozent, 41 Prozent
sind promoviert; naturwissenschaftlich-technische Fachrich-
tungen überwiegen hierbei mit Wirtschaftswissenschaften,
23 Prozent sind Geisteswissenschaftler und 20 Prozent sind
Juristen.

Die Identität dieser Top-Manager spiegelt sich in ihren Aussagen über ihre eigenen Vorbilder, wie auch über ihre Wertevermittlung an ihre Mitarbeiter. Einige typische Aussagen
seien zitiert:

> „Also ich sehe mich als Vorbild im eigenen Unternehmen. Dies be-
> deutet, dass ich die Werte, die wir in unserem Unternehmen haben,
> auch ausübe. Ich exekutiere sie, ich versuche sie nicht zu verletzen.
> Ich versuche das zu tun, was ich auch sage."

> „Ich sehe mich schon so, dass ich sage, ich will meinen Leuten bei-
> bringen, dass sie lustig bleiben, dass sie gerne zur Arbeit gehen, dass
> sie mit Menschen gut umgehen. Und das kann ich nur verlangen,
> wenn ich auch so bin. Insofern will ich das, wofür ich stehe, auch
> vorleben …"

> „In der Fähigkeit, Menschen Sicherheit zu geben, sich an etwas zu
> orientieren, ein bisschen Werte zu vermitteln und hoffentlich sie
> auch weitgehend einzuhalten und sie auch zu leben."

> „Fangen wir einmal ganz oben an. Eine klare Vision, eine ganz kla-
> re Vision, wo der Weg hingeht. Das ist der erste Schritt. Der zwei-
> te Schritt aufbauend auf der Vision: ein Konzept zu entwickeln, wie
> ich dort hinkomme. Der dritte Schritt, basierend auf diesem Kon-
> zept, die Mitarbeiter einbinden und Verteilen der Arbeiten, um die-
> ses Konzept umzusetzen. Viertes Element: gezielt für sich fragen,
> wann und wo muss ich mich einschalten und fragen, sind wir auch

auf dem richtigen Weg ? Ja oder Nein? Wichtigster Punkt, die Ehr-
lichkeit zu entwickeln, sich selbst zu sagen, ich bin auf einem Fehl-
weg, ich mache hier nicht mehr weiter."

Zusammengefasst ergeben dieses Aussagen eine klare Priorität für Authentizität, Glaubwürdigkeit und Verantwortung.

Woher nehmen nun diese Führungskräfte selbst ihre Vorbilder? Die Hälfte der Interviewten nennen Vorbilder aus ihrem
Berufsweg, 20 Prozent nannten Vorbilder aus dem Familien-
kreis, 13 Prozent aus ihren gegenwärtigen Beziehungen, 14
Prozent aus dem öffentlichen Leben – Kultur, Religion und
Zeitgeschichte. Besonders erwähnenswert ist, dass 7 Prozent
ganz konkret ihren Vater, ihre Mutter oder einen nahen Verwandten als Vorbild nannten.

Auf die Frage nach der „Autorität" und ihrer speziellen Definition antworteten sie unterschiedlich:

> „Die Autorität der Person, ganz klar, das beruht auf der Kraft, un-
> sere Umwelt zu überzeugen, wie man nach vorne geht in einer of-
> fenen Diskussion, in einer demokratischen Auseinandersetzung,
> ferner Leitlinien zu entwickeln, wie man ein Unternehmen führt,
> wie man Investitionen vornimmt, wo man sie vornimmt. Nicht per
> ordre de mufti!"

> „Gut, ich glaube, Autorität aus der Person und der Sache heraus,
> den Mix."

> „Ich sage jetzt nicht, was mir am wünschenswertesten ist, sondern
> was nach meiner vierzigjährigen Berufserfahrung das Ausschlagge-
> bende zu sein scheint: die charismatische Fähigkeit zum Führen. Die
> Sehnsucht der Menschen geführt zu werden ist unglaublich groß.
> Das Mandat, das demokratische Element, wird täglich infrage ge-
> stellt, Fachwissen ist ersetzbar, aber unverzichtbar."

Die Frage nach möglichen Rollenkonflikten, sprich öffentli-
che vs. Privatperson, beantworten die Top-Manager zu 38
Prozent mit einem klaren Nein. 21 Prozent können sich nicht
klar abgrenzen, 18 Prozent haben Probleme – aber keine
wirklich ernsthaften, 9 Prozent haben Konflikte mit ihrem
Privatleben und 14 Prozent äußerten sich hierzu nicht.

„Nein, ich glaube, das ist eine meiner Stärken, dass ich mich pro-
blemlos auf natürliche Art und Weise, ohne dass mir das groß bewusst ist, eigentlich auf allen Ebenen bewegen kann. Aber das ver-
danke ich, glaube ich, meiner Herkunft aus dem Dorf. Das habe ich
mir nicht selbst erarbeitet, das ist einfach so da gewesen.“

„Man hat für die Familie und diesen ganzen privaten Bereich viel
weniger Zeit, als man es gerne eigentlich hätte. Ich hab einfach gelernt, damit zu leben. Meine Frau hat es ein bisschen weniger gelernt, damit zu leben … aber es geht einfach nicht anders. In der Position kann man nicht anders, als 14 Stunden am Tag sich für den
Beruf einzusetzen.“

„Der hauptsächliche Konflikt ist der der Priorisierung. Das Private, der soziale Umgang, Freunde, Familie haben einen gewissen Anspruch an eine Person. Wie sehr die zur Verfügung stehen muss, damit sie überhaupt Umgang mit der Umgebung pflegen, … das ist der
Konflikt, der sich daraus ergibt. Ich habe eigentlich nicht die Zeit,
beides wahrzunehmen. Das ist der Hauptkonflikt, dass dieser Job
uns zu sehr konsumiert und einseitig macht.“

Hier scheint das Zeitproblem im Vordergrund zu stehen, die
Ansprüche der Familie, der Freunde, des privaten Bezie-
hungsnetzwerks im Verhältnis zu der beruflichen Inan-
spruchnahme.

Mit und in der Öffentlichkeit haben die Top-Manager keine
Schwierigkeiten:

„Ich glaube, ich bin authentisch …“
„Ich sage halt immer das, wofür ich auch stehe …“
„Ich versuche, natürlich zu sein – bzw. mich natürlich zu ge-
ben …“

Identität entspringt jedoch nicht nur aus Wertevermittlung,
Rollenverhalten und Vorbildfunktionen, vielmehr auch aus
dem ureigensten Kräftepotenzial. Was sind nun die geheimen
Quellen dieses Kräftepotenzials? Die Aussagen sprechen für
sich:

„Aus mir heraus. Aber auch aus der Wertschätzung, aus der Achtung des Umfeldes, in dem ich lebe.“

„Ich beziehe sehr viel Kraft aus dem Rückfluss mit Arbeiten von anderen Menschen. Wenn ich merke, die arbeiten gern für dich, ... das gibt Kraft."

„Die Arbeit macht in der Summe Spaß. Das ist eine der wichtigsten Voraussetzungen ... Sie haben Erfolg..., das ist einer der besten Motivatoren, die man sich vorstellen kann. Der Erfolgt generiert neuen Erfolg."

Als zentrale Quellen des Erfolges sehen an ...	Nennungen absolut	Nennungen in %
Eigenmotivation; Begeisterungsfähigkeit; mit Spaß an die Arbeit gehen; Optimismus	20	36
Kommunikationsfähigkeit; Fähigkeit, Menschen überzeugen/motivieren zu können; Fähigkeit zum Umgang mit Menschen; Bereitschaft zur Teamarbeit	19	34
Pflichtbewusstsein; Disziplin; Zielorientierung/-strebigkeit; Tüchtigkeit; Leistungsbereitschaft	12	21
Glück; Zufälle; Beziehungen	7	13
Fachwissen; Sachkompetenz	6	11
Unterstützung von Frau bzw. Familie	5	9
Ehrgeiz	4	7
Neugier; Offenheit	3	5
Risikobereitschaft; Wagemut	3	5
Ideenreichtum	3	5
Sonstiges	7	13

Abb. 4: Quellen des Erfolgs für Top-Manager (nach Identity Foundation, 2001)

Ein ganz wesentlicher Faktor ist in diesem Zusammenhang das *private Beziehungsnetz*.

„Freundschaften sind entscheidend. Vor allen Dingen sind sie die Oase, die man neben dem Geschäft hat. Und es ist wahrscheinlich das Netz, das man auch braucht, um alternativ zu dem, was man tut, leben zu können. So ein Berufsleben ist ja immer auch mit einem großen erheblichen Risiko verbunden in allen möglichen Disziplinen. Und es gibt genügend Beispiele dafür, dass Männer, wenn das Berufsleben aufhört, aus welchen Gründen auch immer, in ein Loch fallen."

„Für mich ist ein alternatives Privatleben, das mit meinen Berufskollegen nichts zu tun hat, ein völlig eigener Kreis, auch ein separater Kreis. Sicher gibt es da Überlappungen. Wenn man dagegen an die Position sein soziales Geflecht knüpft, dann ist man arm dran, denn dann hängt man am Tropf und am Kanthaken. Und an dem Kanthaken wollte ich nie hängen, also habe ich immer mit relativ großer Systematik und Disziplin darauf geachtet, dass ich ein sehr ausgeprägtes Privatleben habe."

Kritikfähigkeit – und zwar objektive Kritikfähigkeit – sagt über einen Menschen sehr viel aus. Die Top-Elite kritisierte in dieser Studie vor allem ein eitles, selbstgefälliges Auftreten, ferner die Geringschätzung von Mitarbeitern durch autoritäres Handeln, Unehrlichkeit, Arroganz, Korruption, Egoismus, Unbeherrschtheit, Menschenverachtung, Unfairness, Illoyalität und Oberflächlichkeit (Rangfolge nach Benennung!).

Von dieser Beurteilung hängt naturgemäß auch der *Führungs- und Entscheidungsstil* der Einzelnen ab. An erster Stelle – zu 39 Prozent – steht hier die Entscheidung im Konsens. Der kooperative Führungsstil wird ferner mit 11 Prozent mit Grundsatzentscheidungen und 13 Prozent mit Entscheidungen durch Faktenklärung (Ausdiskutieren) vorrangig gepflegt.

„Ohne Konsens? Lieber weiter am Konsens arbeiten – wobei irgendwo jede Entscheidung einen zeitlichen Rahmen hat. Wenn sie den Konsens nach einer bestimmten Zeit und nach mehreren Anläufen nicht zustande kriegen, dann müssen sie sich entscheiden. Und das wird dann auch verstanden. Aber im Großen und Ganzen sollte man den Konsens anstreben."

„Wenn Sie Menschen nicht begeistern können, werden Sie kein Ziel erreichen. Da ist die Konsensfähigkeit gefragt. Es ist sicher meine Aufgabe, in einem angemessenen Zeitraum diesen Konsens herzustellen. Und bisher muss ich sagen, ist das eigentlich immer geglückt, bis auf ganz wenige Ausnahmen."

„Das kommt darauf an. Wenn ich sehr überzeugt bin und diejenigen, die dagegen sind, aus meinem Blickwinkel eher an sich selbst als an die Sache denken, dann versuche ich, das Thema durchzudrücken."

„Ich entscheide!"

Bezeichnenderweise ist die Studie mit dem Satz JOHN LENNONS überschrieben:

> „Life is what happens to you while
> You're busy making other plans."

Dementsprechend heterogen sind auch die einzelnen Aussagen der Top-Manager zu verschiedenen Berufs- und Lebensansichten.

PAUL I. KOHTES formuliert es so:

> „Die Ergebnisse zeichnen, nach meiner persönlichen Einschätzung, skizzenhaft das Bild einer weitgehend wertkonservativen, eher auf Sicherheit als auf Innovation ausgerichteten Elite. Ihr besonderes Talent scheint zu sein, Gegensätzliches unter einen Hut zu bringen: konservativ in der Grundhaltung sind sie dennoch Treiber der Veränderung; eher autoritär im Umgang mit ihrer Umwelt, fordern sie Toleranz und Selbstbestimmung von der Jugend. Es scheint so zu sein, dass die Spannung zwischen dem persönlichen Wertekanon und der eigenen Identität beachtliche Energien freisetzt. Das würde die Dynamik dieser Zielgruppe erklären. Hegel hat gesagt ‚Identität ist der mit sich selbst identische Unterschied'. Das ist auch so eine Paradoxie – und diese scheint sich bei unserer Untersuchung des Selbstbildes der Top-Manager bestätigt zu haben."

Wir könnten dies auch vereinfacht so ausdrücken, dass das Unbewusste die eigentliche Dynamik unserer Motivationen ist – Charakterstile, Talente und Erfahrungen jeglicher Art lassen uns mehr oder weniger gut durch Turbulenzen und Stürme des Lebens navigieren.

Die Gründungsunternehmer der New Economy

Ergänzenderweise muss hier eine zweite Studie der Identity Foundation in Zusammenarbeit mit der Universität Hohenheim, Lehrstuhl für Soziologie, im Sommer 2002 erwähnt werden.

Interessant ist, wie junge Unternehmenspioniere ihre Leit-
ideen, ihre Vorstellungen und Geschäftskonzepte mit den
wechselnden Rahmenbedingungen der Märkte in Einklang
brachten – welche Ziele, welche Interessen sie verfolgten, und
wie sie immer neuen Herausforderungen begegneten. Interessant besonders heute, nachdem die New Economy zusammen gebrochen ist. Unabhängig davon bleibt jedoch die Identitätsfindung dieser Jungunternehmer, die so ganz anders ist
als die der vorher geschilderten Top-Elite. Die Identität ba-
siert hier auf dem *persönlichen und dem gesellschaftlichen Erfolg.*

> „… da gibt es zwei Arten von Erfolg, das eine ist der persönliche Er-
> folg, wenn ich selber mit dem zufrieden bin, was ich mache und das
> gut finde und mir das ausreicht. Das andere ist ein gesellschaftlicher
> Erfolg oder ein Erfolg gegenüber den anderen. Ich habe ihn, wenn
> alle anderen das akzeptieren und gut finden, was man macht. Das
> ist das, was ich eigentlich verstehen würde unter Erfolg.“

An erster Stelle stehen also hier die eigenen Persönlichkeits-
merkmale.

Persönlichkeitsmerkmale	Angaben in %
Kommunikationsfähigkeit	32,0
Ehrgeiz	25,0
Optimismus	18,0
Gelassenheit	14,0
Neugier und Offenheit	11,0
Geduld	3,5
Fachliches Wissen	
Fachwissen und Fachkompetenz	39,0
Interkulturelle Erfahrung/Einstellung	14,0
Denkmethoden	11,0
Erfahrung	7,1
Günstige Rahmenbedingungen	
Starkes Team	18,0
Glück, Zufall	14,0
Kapitalmarktsituation, „Digitale Revolution" etc.	11,0
Unterstützung durch Familie	11,0

Selbstentfaltung	Angaben in %
Sich selbst stets leicht überfordern	18,0
Spaß	14,0
Ideen ausleben, Kreativität, Innovationsstreben	14,0
Mut, Disziplin, Gestaltungswille	
Wagnisbereitschaft, keine Angst zu scheitern	25,0
Disziplin, Zielorientierung, Leistung	18,0
Entschlossenheit	18,0
Fairness	
Rollenübernahme/„Tit for Tat"-Strategie	14,0
win-win-Situation/Reziprozitätsnorm	7,1
Vertrauen wecken und nicht enttäuschen	7,1

*Abb. 5: Quellen des Erfolgs für die neue Wirtschaftselite
(nach Identity Foundation, 2002)*

Ehrgeiz, Optimismus und eine positive Grundeinstellung, gepaart mit Geduld und Gelassenheit ergeben den richtigen Mix!

„Sich selbst richtig einschätzen zu können, ist was ganz Wichtiges, weil man daran arbeiten kann. An Talenten muss man arbeiten, aber viele arbeiten nur an den Talenten und nicht an der Selbsterkenntnis."

„Ich glaube dass man nur Erfolg haben kann, wenn man in sich ruht, wenn man sich selbst ist. Und ich kann nur jedem empfehlen, sich offen und kritisch mit seinen eigenen Fähigkeiten ständig auseinander zu setzen. Ich glaube, es gibt niemanden ohne Schwächen. Wer nicht an seinen Schwächen arbeitet, wird nie Erfolg haben, wer sie nicht sieht, kann daran nicht arbeiten."

„... man kann nur so gut sein, wenn die Kombination des eigenen Ichs, also dieser Identität, mit dem was man gerade macht, gelingt. Wenn das nicht passt, kann man noch so gut sein oder der Job kann noch so interessant sein, das geht nicht."

Wie bereits früher erwähnt, besteht die Kunst darin, verschiedene Blickrichtungen zu vereinen und eine glückliche Synthese zu finden.

„Es ist eben die Fähigkeit, verschiedene Denkwelten, wie die Management- oder Führungswelt mit der technischen Welt zusammen

zu bringen. Das ist eben eine Kombination, die es nicht oft gibt und
die mir dann eine privilegierte Stellung gibt. "

Das Moment der Fairness steht sehr im Vordergrund – einerseits fairer Umgang mit Kollegen und anderen Stakeholdern, andererseits Berechenbarkeit, Offenheit und Konstanz. Opportunismus wurde allseits abgelehnt.

Die „Tit for Tat-Strategie" ist im Grunde genommen eine „Wie du mir, so ich dir-Strategie" – zuerst wird unter den Rahmenbedingungen knapper Ressourcen kooperiert, um dann in den nächsten Schritten die Strategie der Gegenspieler zu kopieren! „Win-Win-Strategien" sind althergebracht und gehen bekanntermaßen auf das „Harvard-Prinip" zurück.

	Angaben in %
Furcht vor Erkenntnis der eigenen Bedeutungslosigkeit	3,7
Unfähigkeit, Gefühle zu zeigen	3,7
Work-life Balance	7,0
Perfektionismus	7,0
Ehrgeiz (übersteigerte Erwartungen an sich selbst)	11,0
undiplomatisch, zu wenig kompromissbereit	14,0
zu bequem	14,0
zu wenig konsequent	14,0
zu emotional	18,0
Ungeduld	25,0
wenig Selbstdisziplin	36,0

*Abb. 6: Eingestandene Schwächen der neuen Wirtschaftselite
(nach Identity Foundation, 2002)*

Die Befragung über *persönliche Schwächen* der Jungunternehmer zeigte erstaunliche Ergebnisse: Am häufigsten wurde „wenig Selbstdisziplin" genannt. Die mangelnde Selbstdisziplin besteht weniger darin, formulierte und gefestigte Ziele nicht entschlossen genug verfolgen zu wollen, als vielmehr die notwendige Distanz zu Fakten und Aufgaben nicht wahren zu können. Die Verschmelzung mit Letzterem kann in eine

Art von Selbstausbeutung ausarten: „Ich glaube, eine Schwäche ist ein gewisser Grad an Selbstausbeutung, wenn man Ziele verfolgt. Das ist insoweit akzeptabel, als es eben die eigene Person betrifft, und inakzeptabel, das musste ich selber lernen, im privaten Umfeld, wenn man seinen Zeitvorrat falsch einteilt, auch wenn es richtig war an der Stelle. Aber man verliert einfach viele soziale Bindungen und das geht bis in die direkte persönliche Familie hinein."

▓ = Neue Elite □ = Old Economy	Angaben in %
Dinge bewegen	5,5
	5,3
Ehrlichkeit	5,3
	5,5
Unabhängigkeit	5,2
	5,2
Sachkompetenz	5,1
	5,2
Liebe zum Leben	5,1
	4,6
Durchsetzungsfähigkeit	5,1
	5,1
Loyalität	5,0
	5,0
Selbstentfaltung	4,9
	4,7
Phantasie und Kreativität	4,9
	5,3
Hilfsbereitschaft	4,6
	5,0
Frohsinn	4,5
	4,5
Selbstbeherrschung	4,4
	4,7
Versöhnlichkeit	4,2
	4,5
Darstellungsgeschick	3,9
	4,0
Intellektuell sein	3,9
	3,6
Macht	3,4
	3,4
Härte	3,4
	3,4
Sicherheit	3,3
	3,6

Abb. 7: *Werthaltungen von Neuer Elite und Old Economy im Vergleich (nach Identity Foundation, 2002)*

Bei den *Werthaltungen* benannten die Gründungsunterneh-
mer in erster Linie „Dinge bewegen" und zeichnen sich so als
‚Macher und Gestalter' aus, die Prozesse anstoßen und fort-
führen.

Interessant ist der Vergleich bei den Werten zwischen New
und Old Economy.

Hier wird die „Liebe zum Leben" vorrangig auf Platz 5 im
Gegensatz zu Platz 9 bei der Top-Elite eingestuft – und „Phantasie und Kreativität" auf Platz 8 im Gegensatz zu Platz 2 bei
der Old-Economy! Die Person als solche steht im Vordergrund mit dem Leitbild des „Goldsuchers" – Unabhängigkeit,
unbändiger Gestaltungswille, Vertrauen in die eigenen Fähigkeiten sind unabdingbare Voraussetzungen zum Erfolg und
Überleben. In der Studie heißt es dazu:

> „Es ist das Bemühen, sich selbst und die eigene Identität in ver-
> schiedenen Lebenskontexten zur Welt zu bringen. Die Bewahrung
> der Unabhängigkeit, die Vermeidung von Zwängen, die leistungs-
> orientierte Verlängerung des Selbst und die Suche nach dem Fort-
> schritt sind dabei die konstanten Faktoren. Ihren Grundsätzen sind
> die meisten im Wesentlichen treu geblieben. Es sind diejenigen, die
> ihnen im Elternhaus vermittelt worden sind (Leistung, Disziplin und
> Pflicht, formale Bildung, soziale Werte – Verantwortung, Diskussi-
> onskultur u. a.)."

Zusammenfassend lässt sich sagen, dass die Selbsteinschät-
zung sehr konkret ist, wie auch die Zieldefinition und Werte-
haltung. Die Identität dieser jungen Wirtschaftselite ist klar
definiert – von ihnen selbst. Wie sie heute aussieht, nach all
den Turbulenzen und ständig neu aufkommenden Wirt-
schaftsrisiken, bedürfte sicherlich einer Neubefragung, um einige Aussagen relativieren zu können.

Teil III
Der freie Fall

1 Gründe

Kehren wir zu den Interviews zurück. Trotz aller verschiedenen Ausgangspositionen, völlig verschiedener Charaktere mit entsprechend differenzierten Blickrichtungen, können wir einen gemeinsamen Nenner ausmachen: individuelle Freiheit und persönliche Authentizität.

Nur dieser Freiraum ermöglicht Entfaltung zu sich selbst, zur Bewältigung der beruflichen Aufgaben, eine stimmige Kommunikation mit den anderen und damit tragenden Beziehungen.

José Ortega Y Gasset sagt dies sehr eindringlich mit den Worten: „Der Mensch, der er selbst ist, der in sich selbst versenkt ist, ist der Mensch, der, wie man sagt, immer gefasst ist – der sich also nicht aus der Hand gibt, nicht gehen lässt, und der nicht duldet, dass sein Wesen sich ihm entfremdet, sich in etwas verwandelt, was er nicht ist." (Ortega Y Gasset, 1951)

In allen Interviews kommt mehr oder weniger die Suche nach der wahren Identität zum Ausdruck. Bei allen wichtigen Entscheidungen beruflicher und privater Natur wird das *Moment der Besinnung und Ruhe* eingesetzt (Späth, Schönbächler, Rosenberger), um sozusagen „im Auge des Taifun" Kraft zu tanken. „Man kann nicht anders sein Selbst sein, als indem man in sich selbst eindringt, das heißt, indem man, bevor man handelt, bevor man urteilt, einen Augenblick inne hält und statt irgend etwas zu tun oder das nächst beste, was einem gerade in den Sinn kommt, zu denken, sich streng mit sich selbst in Einklang bringt, das heißt, in sich geht, für sich allein bleibt und entscheidet, welche Handlung oder welches

Urteil unter den vielen möglichen wirklich das eigene ist." (ORTEGA Y GASSET, 1951)

Das bedarf der Übung und der inneren Anstrengung. Modern ausgedrückt sind es die Mittel des *mentalen Selbsttrainings*, doch davon später.

Fragen wir nach den Gründen zum „freien Fall" – oder „schöpferischen Sprung", so finden wir Folgendes:

– Mut zu neuen Erfahrungen
– Ausblenden der alten vertrauten Muster
– Mut zu Emotionen
– Risiken bewusst eingehen
– Ohne Wertungen vertrauen
– Mit Freude das Unbewusste zulassen
– Sich spielerisch neuen Möglichkeiten hingeben
– Kindliche Neugier

Denn unser kreatives Potenzial ist nicht ausgeschöpft mit all der täglichen Routine, den überbordenden Aufgaben unter Zeitdruck, der rasenden Geschwindigkeit des Internetzeitalters. Nicht umsonst stand das letztjährige World Economy Forum (WEF) in Davos unter dem Motto „Vertrauen schaffen". Nach den Ereignissen des 11. September 2001, den Bilanzskandalen weltweit und dem freien Fall der Börse steht diese Forderung an Alt- und Jung-Top-Manager nach wie vor im Vordergrund.

So sind die Biografien der Interviewten meist auch von äußeren Lebensumständen geprägt, dass ein „schöpferischer Sprung" zwingend notwendig war, um sich authentisch anpassen zu können. Naturgemäß geht das nicht von heute auf morgen – ein langer intensiver „Annäherungsprozess" ist von Nöten – dies kommt in den Interviews klar zum Ausdruck.

Welche Strategien werden denn nun angewendet, um diesem freien Fall eine weiche Landung folgen zu lassen?

2 Strategien

Lebenslanges Lernen

Hier fällt mir sofort der Satz „Lebenslanges Lernen ist der kontinuierliche Prozess der Fortschreibung unserer Erfahrungen" ein. Die Zeit spielt also eine nicht unwesentliche Rolle und vor allem unsere innere und äußere Aufmerksamkeit für die Vorgänge, die uns emotional berühren.

„Wirkliche Kommunikation kann nur in totaler Stille stattfinden – das heißt: Zuhören und nochmals zuhören, um die leisen Töne und das Ungesagte zu verstehen, zu begreifen und sinnvoll umzusetzen!"

Dieser ungewöhnlichen Aufforderung kamen rund 200 Kongressteilnehmer in London 1999 nach – dem 10. International Organisational Learning Forum (organisiert von Euromanagement, Niederlande). Es waren zwei Tage voll von neuen Ideen – ich war Berichterstatterin – einleuchtenden Sinn-Kontexten und provokanten Fragestellungen, die so bekannte Referenten wie PETER SENGE (Senior Lecturer des MIT Institutes und Autor von „The Fifth Discipline"), ARIE DE GEUS (38 Jahre bei Royal Dutch Shell und Autor von „The Living Company") u. a. den Kongressteilnehmern nahe brachten.

Im Kurzen die wesentlichsten Ergebnisse:

Sich selbst ständig in Frage stellen

Lernen kann nur der, der neugierig und wissensdurstig ist und sich selbst in seinem beruflichen und privaten Umfeld ständig in Frage stellt – jemand, der sich nicht in statische Nischen einnistet, der vielmehr allen Strömungen einer lebendigen

Organisation offen gegenüber steht und gewillt ist, seine (vielleicht) lieb gewordenen Positionen in neue Herausforderungen umwandeln zu lassen. Die Grundbedingungen für lebenslanges Lernen in Organisationen sind nach wie vor:

- Flexibilität
- Innovatives Denken
- Sozialkompetenz

Mit diesen Fähigkeiten werden sich die verschiedenartigsten Teams zur vollen Power entfalten, einer Power, die zum Wohle des Ganzen und nicht wie bislang nur der Effizienz und dem Kommerz dient. Dies gilt heute mehr denn je.

Wer bist du?

Die Frage an jeden Einzelnen innerhalb einer lebendigen Organisation heißt nicht mehr: „Was kannst du?" sondern: „Wer bist du?" Denn die höchste Priorität innerhalb einer Gemeinschaft ist die Selbstentfaltung des Einzelnen mit allen Stärken und Schwächen. Das so genannte „Fitting in" ist mehr denn je gefragt. Dies setzt allerdings Selbstreflexion voraus, die geübt werden will mit Fragen wie:

- Wie kommuniziere ich?
- Wie sind hierbei meine Emotionen?
- Habe ich Empathie für mein Gegenüber?
- Wie sieht meine eigene Realität aus?
- Was sind meine Wünsche und Bedürfnisse?

Denn nur das Erkennen meiner eigenen Person garantiert ein sinnvolles Miteinander im Team und damit in der Ganzheit der Organisation.

Differenzierte Leadership

Auf der anderen Seite bedarf dies naturgemäß einer besonderen „Leadership", die diese Teams ohne Hierarchiezwang zu führen weiß. Die neue Rolle als Leader könnte so u. a. beinhalten:

- Leader als Designer
  Nehmen wir das Bild eines Schiffes: niemand hat von Anfang an so viel Einfluss wie der Konstrukteur des Schiffes! Er bestimmt die Form, die Technik – die gesamte Struktur. Damit bestimmt er und gestaltet die Zukunft, die auf den gesammelten Erfahrungen der Vergangenheit beruht. Er legt die Richtlinien für die Kommunikation nach innen und außen weitgehend fest – das so genannte Beziehungsgefüge, die Freiräume für Experimente und potenzieller Kreativität und vieles mehr.

- Leader als Lehrer
  Die erste Aufgabe ist hier, die Realität der jeweiligen Organisation zu definieren und vor allem, diese Realität jedem einzelnen Mitarbeiter sinnvoll deutlich zu machen. Der Leader ist Coach, Freund, Mentor und Supervisor!

- Leader als Stewart
  Der Service-Gedanke bezieht sich auf zweierlei: auf die eigenen Mitarbeiter und auf die Mission, der das Unternehmen dient.

Diese Mission wird aus der jeweiligen Unternehmenskultur geboren – dient einer höheren Aufgabe und führt über den eigentlichen Unternehmenszweck (Existenzerhaltung) hinaus.

Die lebendige Organisation

Die neuen Fähigkeiten einer solch „lebendigen" Organisation heißen demnach:

– Einen lebenslangen Lernprozess miteinander eingehen –
  mit ständigem Erfahrungsaustausch
– Die lebendige Motivation für alle aufrecht erhalten
– Systemimmanent denken – und zwar in allen Turbulenzen
  und mit allen Konsequenzen
– Einander Beistand leisten, realiter und emotionell
– Mentale Modelle zulassen: Wer sind wir? Wer gehört zu
  diesem Wir? Wie steht es um unser gegenseitiges Vertrau-
  en? Unsere Identität beruflich und privat?

Denn wirkliches Leben heißt Wandel, Risiko, Aufbruch – und
nicht zuletzt hieraus umgesetztes positives Lernen!

Führt der Bogen nicht direkt wieder zu den Interview-Partnern? Ihre Lebensfreude mit dem dringlichen Wunsch, ganz
nah am Leben zu sein, dieses für andere und sich zur vollen
Befriedigung zu gestalten, mit den anstehenden Aufgaben,
vorgegebenen und selbst gesteckten Zielen und wirklicher
Überlebensmotivation? (s. Interview mit dem Piloten Daniel
Staempfli)

Kommunikation und eine positive Fehlerkultur sind neben
Vertrauen und ehrlichem, differenziertem Feedback unab-
dingbar. Alle meine Gesprächspartner waren sich im Klaren,
wie sehr die Realität mit allen Konsequenzen miteinbezogen
werden muss, dass dies jedoch vor Überraschungen jeglicher
Art nicht schützen kann.

Neurolinguistisches Programmieren (NLP)

„Menschen sind glücklicher,
wenn sie den Versuch unternehmen,
die Zukunft zu umarmen
statt der Vergangenheit nachzutrauern."

JOHN P. KOTTER

ROSETTA FORNER, Kommunikations- und NLP-Expertin, bringt es in ihrem Buch „Der Schlüssel zum Erfolg" (2001) überzeugend auf den Punkt: „Achten Sie auf die Stimme Ihres Herzens. Folgen Sie treu Ihrem inneren Licht. Zweifeln Sie nie an sich selbst. Lassen Sie sich von Nichts und Niemandem als ‚gescheitert' bezeichnen. Sie leben halt. Und um sich lebendig zu fühlen, muss man ‚experimentieren und ausprobieren'. Folglich kann man nicht ‚scheitern, sondern nur Ergebnisse erzielen'. Denken Sie daran: Wenn sich eine Tür schließt, öffnet sich eine ‚viel bessere' ... Sie müssen nur geduldig, beständig, hoffnungsfroh und offen sein, um diese neue Tür zu erkennen. Und vergessen Sie nicht, aus den Ergebnissen Ihrer Experimente zu lernen. Schließlich ist das Leben selbst das aufregendste und faszinierendste Experiment, das es nur gibt. Einen Tag länger hier zu verbringen und dieses Paradies genießen zu können, ist Grund genug glücklich zu sein. Zum Glück können wir unsere persönliche Lebensgeschichte neu schreiben. Wenn wir unserem Gehirn eine beliebige Information geben, spielt es keine Rolle, ob wir sie frisch erfunden oder von außen (durch die Realität) erhalten haben. Unser Gehirn unterscheidet nämlich nicht zwischen Phantasie und Wirklichkeit. Aufgrund dieser Tatsache können wir Änderungen der in unserem Gehirn gespeicherten Empfindungen vornehmen."

Was ist nun NLP – Neurolinguistisches Programmieren?

JOHN GRINDLER, Professor für Linguistik, und RICHARD
BANDLER, Student für Informatik, entwickelten in den sieb-
ziger Jahren diese Technik an der Universität von Santa Cruz
in Kalifornien (USA). Sie untersuchten die Arbeitsweise von
drei exzellenten US-Psychotherapeuten (VIRGINIA SATIR, Fa-
milientherapeutin; MILTON ERIKSON, Hypnose; FRITZ PERLS,
Gestalttherapie) und stellten eindeutige Ähnlichkeiten zwischen den Therapien und ihren Auswirkungen auf die jeweiligen Klienten fest. So entwickelten die beiden ein gut an-
wendbares Modell, das einerseits für eine effizientere Kommunikation, andererseits für persönliche Veränderungspro-
zesse einsetzbar war und ist. GREGORY BATESON (britischer
Anthropologe) und ROBERT DILTS (NLP-Universität, San
Francisco, USA) spezialisierten dieses Modell, so dass es sich
jetzt auf verschiedene Gebiete anwenden lässt (persönliche
Gesundheit und Wohlbefinden; Selbstmanagement und be-
rufliches Coaching; Einzel-, Gruppen-, Systemcoaching).

Folgende Grundannahmen werden von NLP definiert (nach
FORNER, 2001):

– Es gibt kein Scheitern, nur Ergebnisse (Scheitern kann nur
  absichtslos sein!)
– Die Landkarte ist nicht das Territorium, das sie darstellt.
  Das heißt, wir leben alle in unserer Wirklichkeit – es gibt
  keine absolute Wirklichkeit, die für alle Menschen gültig
  wäre (vgl. PAUL WATZLAWICK, 1978)
– Alle Ressourcen befinden sich in uns selbst. Wer so handelt,
  als wäre der Erfolg ihm sicher, ist dem Erfolg wesentlich
  näher, als wenn er das Gegenteil glaubte.
– Wenn ein anderer das kann, können wir dies auch. Hinzu-
  fügen muss man hier allerdings, dass uns dies nur im Rahmen unserer Persönlichkeit – und Wirklichkeit (!) gelingt.
– Wenn wir immer nur das wiederholen, was wir immer
  schon gemacht haben, werden wir immer auch nur dieselben Ergebnisse erzielen. Wenn etwas nicht funktioniert,

müssen wir andere Wege einschlagen. Je mehr Wahlmöglichkeiten, das heißt Alternativen, desto mehr Aussichten auf Erfolg! Flexibilität – im Denken und Handeln – ist hier unumgänglich.
– Man findet keine Lösung, indem man mit dem Verhalten fortfährt, das zu dem Zustand geführt hat.

FORNER sagt: „Variieren Sie, nutzen Sie Ihre Ressourcen, verändern Sie Ihre Strategien und auch das Ergebnis wird sich verändern. Befreien Sie sich aus dem unerwünschten „Resultat", bzw. der ‚Wirkung' und fragen Sie sich stattdessen, wie Sie die Situation verändern können." Und weiter: „Es ist von fundamentaler Wichtigkeit zu wissen, was man im Leben will. Nachdem Sie erst einmal definiert haben, was Sie überhaupt erreichen wollen, ist es nur noch eine Frage des *Wie* (der Strategie)."

Jeder von uns hat fünf Sinne, die wir unbewusst je nach Situation und Stimmung mehr oder weniger einsetzen. Aber meist bevorzugt man eine Sinneswahrnehmung mehr, zum Beispiel können wir uns auf folgenden fünf Ebenen bewegen (und drücken dies auch aus):

– visuell (sehen, leuchten, verschwommen, sich vorstellen, hell, dunkel, sich anvisieren u. a.)
– auditiv (hören, laut, verstärken, abstimmen, tönen, rufen, klingen u. a.)
– kinästhetisch (fühlen, fest, behandeln, berühren, warm, begreifen u. a.)
– olfaktorisch/gustatorisch (riechen, schmecken, scharf, duften, bitter, sauer u. a.)
– unspezifisch (denken, erinnern, glauben, erahnen, wissen, lernen, vertrauensvoll u. a.)

So bewegt sich jeder Mensch auf der Wahrnehmungsebene, deren Begriffe er auch in seiner Sprache vorwiegend benutzt. Die gegenseitige Kommunikation „läuft" nun besonders gut,

wenn sich zwei Menschen begegnen, die dieselbe Wahrnehmungsebene haben, fast könnte man sagen: „Es ist ein magi-
sches Moment!" (s. NEUBEISER, 1992)

Hinzu kommen noch nonverbale Signale jedes Einzelnen, wie

- Atemrhythmus
- Körperhaltung
- Stimmhöhe und Sprechgeschwindigkeit
- Gestik, die entsprechend gedeutet werden kann.

Aber allein schon das „Erkennen" der Sinnesebene, auf der
sich der andere bewegt, genügt, um ein besseres Verstehen zu
ermöglichen und Missverständnisse zu vermeiden.

Was will ich – und wie kann ich es erreichen?

Diese simple Fragestellung beinhaltet eigentlich unser Le-
bensglück – der fortdauernde Annäherungsprozess bestimmt
unsere innere Überzeugung und der Glaube an uns selbst, dieses Ziel auch zu erreichen.

Die NLP-Forscher versuchten im Verlaufe der Jahre der exis-
tentiellen Frage nachzugehen, was einen Menschen hindert,
das zu tun, was er will und eigentlich auch könnte. Sie stellten fest, dass es sozusagen eine „innere Hierarchie" gibt, die
ausschlaggebend dafür ist, ob wir in unserem Leben Ziele erreichen oder nicht. Und auch wie wir im Leben mit uns selbst
und anderen umgehen! Erfolgreiche und glückliche Menschen sind davon überzeugt, dass alles, was ihnen im Leben
widerfährt – Gutes und Schlechtes – eine Aufforderung zum
Lernen ist. Jeder Misserfolg brachte sie gewissermaßen weiter, und jeder Schicksalsschlag brachte ihnen neue, emotionale Einsichten, die sie entsprechend umsetzten. „In jeder Erfahrung steckt auch ein Hinweis. Ein Hinweis, dass das, was
ich bisher getan oder gedacht habe, nicht angemessen war.

Wenn ich mir z. B. bei einem Misserfolg überlege, was mir in der Situation gefehlt hat, dann bekomme ich wichtige Hinweise, die mir helfen, in Zukunft erfolgreicher zu sein. So wird mein Leben zu einer fortwährenden Lernerfahrung – statt zu einer Ansammlung von Schicksalsschlägen. Das wiederum bringt eine ganz andere Lebensqualität mit sich, die wir an erfolgreichen Menschen ja immer so bewundern. Hier ist der Glauben, ist die Lebenseinstellung eines Menschen der ausschlaggebende Faktor." (HEGE, 2001)

Interessant in diesem Zusammenhang ist hier die „NLP-Hierarchie-Pyramide", die in der Unternehmensberatung auch bei Fragen zu Corporate-Identity und Struktur verwandt wird, um sog. „Glaubenssätze" auf die Spur zu kommen.

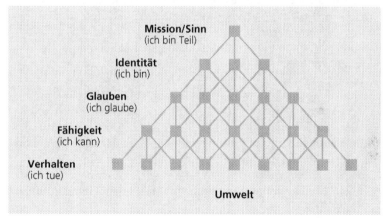

Abb. 8: Die NLP-Pyramide (nach HEGE, 2001)

Hier wird beispielsweise aufgezeigt, wie der Glaubenssatz „Ich kann mich nicht konzentrieren" die NLP-Pyramide durchläuft. (s. HEGE, 2001)

Einflussfaktor Umwelt:
Es ist schwierig, wenn jemand mit einem Schlagbohrer meine Konzentration stört!

Verhalten (Ebene 1):
Ich bin unkonzentriert wegen Umwelteinflüssen!

Fähigkeiten (Ebene 2):
Ich kann mich nicht konzentrieren, weil ich es nie gelernt habe! (Dies ist demnach eine NLP-Lern- und Übungsaufgabe.)

Überzeugungen/Glauben (Ebene 3):
Ich glaube/ich bin überzeugt, dass es schwer ist, sich zu konzentrieren! (Das sind sog. selbsterfüllende Prophezeiungen, die wir uns als Motivation oder als Blockaden auferlegen.)

Identität (Ebene 4):
Ich bin unkonzentriert, weil *ich* unfähig bin, mich zu konzentrieren! (Hier geht es um negative Identitätsglaubenssätze, die mit NLP positiv verändert werden sollten, sog. Reframing, Visualisieren u. a.)

Mission (Ebene 5):
Meine Lebensaufgabe ist –

Diese Ebene geht über das Persönliche hinaus, geht ins Spirituelle, der Weg der Transformation (s. Interview mit Abt Schönbächler)! „Kongruenz zu erreichen ist eine dauernde (Lebens-)Aufgabe. Sie ist nicht schnell und ein für allemal ‚machbar'. Sie ist zum einen eine innere Haltung, zum anderen ein ökologisches Umgehen mit sich selbst und anderen." (HEGE, 2001)

Unsere Seele kann nicht ohne Bilder denken: Visualisierung

Bilder sprechen ihre eigene Sprache, sie lösen Gefühle aus – wie Farben:

– rot erzeugt Hitze
– blau kühlt ab
– grün beruhigt

– gelb regt an
– schwarz dämpft ab u. a.

Je nach unserer persönlichen Stimmung sind wir im Tages-
verlauf der einen oder anderen Farbe mehr zugetan (s. Lü-
scher-Test). Eine beliebte Seminaraufgabe ist es, Farben Tönen oder Gerüchen zuzuordnen, denn unbewusst haben wir
all diese Gefühle verankert, und uns als Muster angeeignet.
In Bildern zu denken ist eine Fähigkeit, die erlernbar und zu
trainieren ist. Immer wieder bestätigen Top-Athleten der
Welt, dass sie ihren Erfolg auf diese mentale Fähigkeit zurück-
führen. Jack Nicklaus führte seine Golferfolge zu mindestens
50 Prozent auf Visualisierung zurück. Weltschachmeister
üben Tag für Tag visuell ihre Züge. Gute Redner nehmen
ihren Vortrag mental vorweg, indem sie sich das Auditorium,
die Stimmung im Saal, das Licht, die Geräusche bildlich vorstellen – und nachher in der Realität kopieren. Der gesamte
Vorgang ist sozusagen „automatisiert" – der Film läuft ab!

Auch wir können bestimmte Ereignisse in einen Film bringen,
und dabei unser eigener Regisseur sein! Und zwar mit dem
Ausgang, den wir uns wünschen – beispielsweise dass uns ein
Lachen am Ende eines Arbeitstages begleitet, das am Morgen
auch wieder sofort abrufbar ist, mühelos ein Arbeitspensum
zu erledigen, im Gespräch die richtigen Worte zu finden oder
eine ausweglose Situation weder ins Lot zu bringen. Glücks-
träume? Nein – denn irgendetwas davon wird uns gelingen
und uns einen Schritt weiter bringen!

Wenn wir nochmals an meine Gesprächspartner zurück denken, so steht die Kraft der Bilder ganz im Vordergrund (s. Interview Rosenberger, Staempfli, Soltau). Selbst in negativen
Situationen können wir uns mit einem bereits visualisierten
Bild positiv konditionieren; wir treten sozusagen für einen
Moment aus dem Geschehen heraus – distanzieren uns –
blenden uns aus – um mit neuen positiven Gefühlen wieder
in den vorgegebenen Raum zu treten. Wir haben eine inner-
liche Zäsur gesetzt!

Zur Übersicht folgendes Schema als Anleitung zum mentalen Training (ALEXANDER CHRISTIANI, 2002).

Mentales Training		
Das Instrument	*„Digitales Denken"*	*„Analoges Denken"*
Die Funktion	▨ Denken in Sprache ▨ logisch-analytisch ▨ sequenziell ▨ steuert Verhalten eindimensional	▨ Denken in Bildern ▨ intuitiv ▨ erfasst Muster und Strukturen ▨ steuert Verhalten mehrdimensional
Die fahrlässige Fehlbedienung	▨ Leistungsanalyse während der Tätigkeit	▨ Tagträumen während wichtiger Ereignisse ▨ Katastrophieren (Vorstellen zukünftiger Negativ-Filme) ▨ Schuldtrips (Abspielen von Negativ-Filmen aus der Vergangenheit)
Die funktionskonforme Gehirnbedienung — Vor dem Ereignis	▨ Problemanalyse ▨ Zielsetzung ▨ Design von Affirmationen	▨ Mentales Training: – das erreichte Ziel sehen – das ideale Vorbild – die eigene Bestleistung (Technik) – die eigene Bestleistung (Emotionen) – Ersetzen
Während des Ereignisses	▨ Beobachtungs-übungen ▨ Ablenkungsübungen	▨ Preplay ▨ Als-ob-Rollenvorstellungen ▨ Replay (sofortiges mentales Wiederholen in der Situation)
Nach dem Ereignis	▨ Ablauf-Analyse ▨ Feedback-Auswertung ▨ Erfolgsdokumentation	▨ Review ▨ Vergegenwärtigung eines vergangenen Ereignisses ▨ Auswahl guter und verbes-serungswürdiger Aspekte ▨ Visualisierung des kon-struktiven Alternativen-Verhaltens

Abb. 9: Mentales Training

Das analoge Denken erfasst viel mehr an Tätigkeiten als das digitale Denken. Vor allem das Preplay, das gedankliche Aufwärmen kurz vor dem Ereignis und das Replay während des Ablaufes (d. h. mentale Wiederholungen des Gelingens) sind Erfolgsgaranten, ferner das Review mit neuen Verhaltensansätzen und Sollvorgaben für die Zukunft. Sie sind unerlässliche Mentalübungen.

Der Psychologe und Sporttrainer JAMES E. LOEHR war der Erste, der diese Techniken durch viele, langjährige Untersuchungen im Trainingsinstitut Sonesta Sanabel in Kalifornien mit Sportathleten nutzbar gemacht hat (Persönliche Bestform durch Mentaltraining, 1988). Sein AET-Modell (Athletic Excellence Trainings) beruht auf zwei Grundsätzen:

– Mentale Stärke ist eine erlernte, keine angeborene Fähigkeit;
– Der entscheidende Faktor für mentale Stärke ist Durchhaltevermögen.

„Wirklich auf die Probe gestellt werden Ihre mentalen Fähigkeiten erst, wenn Sie unter Druck sind, wenn die ganze Welt sich gegen Sie richtet und wenn alles auf dem Kopf steht. Dann sind Sie mit den Grenzen Ihrer mentalen Stärke konfrontiert." (LOEHR)

Eine weitere Technik – neben dem Visualisieren – nach LOEHR ist das Fokussieren. Das AET-Modell beruht auf dem Hier und Jetzt. Vergangenes und Zukünftiges ausschalten, sich nur der Gegenwart hingeben mit aller Konzentration, allen Stimmungen und Gefühlen – und Sie werden den sog. *Flow* erleben!

– Es ist jener Zustand, in dem alles richtig, leicht und automatisch geschieht
– Handlung und Bewusstsein sind miteinander verschmolzen
– Wir sind gelassen und ruhig und empfinden Freude
– Wir erbringen Höchstleistungen ohne Anstrengung
– Wir arbeiten ohne Ermüdung – kontinuierlich

- Wir folgen dem ‚inner play' – in einer starken Geistesver-
  fassung
- Wir haben die Umwelt ausgeschaltet
- Wir sind selbstvergessen
- Wir haben alle Energie, die wir brauchen

Erinnert uns dies nicht an den schöpferischen Sprung, den
freien Fall, in den wir uns vertrauensvoll hineinbegeben und
einer guten Landung sicher sind?

Transformation

Die Lebensregeln des Dalai Lama

- Wenn du verlierst, verliere nicht den Lerneffekt.
- Befolge grundsätzlich die folgenden drei Regeln: Denke –
  weil große Liebe und große Ziele große Risiken in sich ber-
  gen – an Respekt für dich selbst, Respekt für andere und
  Respekt (Verantwortung) für alle deine Handlungen.
- Denk daran, dass etwas, was du nicht bekommst, manch-
  mal eine wunderbare Fügung des Schicksals sein kann.
- Lerne die Regeln, damit du weißt, wie du sie brichst.
- Wenn du merkst, dass du einen Fehler gemacht hast, un-
  ternimm unverzüglich etwas, um ihn zu korrigieren.
- Verbringe jeden Tag einige Zeit mit dir selbst.
- Begegne Veränderungen mit offenen Armen, aber verliere
  dabei nicht deine Wertmaßstäbe.
- Denk daran, dass Schweigen manchmal die beste Antwort
  ist.
- Eine freundliche Atmosphäre in deinem Haus ist die beste
  Grundlage für dein Leben.
- Wenn du mit lieben Freunden streitest, beziehe dich nur auf
  die aktuelle Situation – lass die Vergangenheit ruhen.
- Teile dein Wissen, so erlangst du Unsterblichkeit.
- Sei freundlich zur Erde.
- Besuche einmal im Jahr einen Ort, den du noch nicht
  kennst.

– Denk daran, die beste Beziehung ist die, in der die Liebe für
den anderen größer ist, als das Verlangen nach dem anderen.
– Bewerte deine Erfolge daran, was du aufgeben musstest,
um sie zu erzielen.
– Widme dich der Liebe und dem Kochen mit wagemutiger
Sorglosigkeit.

(CUTLER, Die Regeln des Glücks, 2002)

Ein Sprichwort sagt: „Wer lernt, über sich hinaus zu denken,
ist Teil der Lösung." Wir ordnen uns damit einem Ganzen zu
und befinden uns an der Spitze der NLP-Pyramide (Missi-
on/Sinn – ich bin Teil).

Das ZfU-Persönlichkeitsseminar in Zürich, das Abt Schönbächler an einem Tag im Januar 2003 durchführte, war mit
dem Titel überschrieben: „Das kreative Potenzial unserer
Schwächen". Hier wurde mir auch Gelegenheit für das Interview gegeben.

Einige Schwerpunkte dieses Seminars möchte ich hier wie-
dergeben:

Ein jedes Ding und ein jedes Lebewesen hat die innere Bestimmung, das zu verwirklichen, was es im Eigentlichen ist.
Das Grundgesetz für elementare Dinge lautet: Wasser hat die
Bestimmung abwärts zu fließen – Hinunterfließen ist sein Le-
bensgesetz. Verschüttet ihm ein Bergsturz seinen Lauf, muss
es dennoch weiterfließen. Entweder rennt es gegen das Hindernis an – oder es sucht sich einen Umweg!

Die Menschen sind ebenfalls von elementaren Lebensvollzü-
gen bestimmt (Essen, Schlafen, Bewegung, Sexualität u. a.).
Diese vitalen Bedürfnisse wollen gelebt werden – bei Hinder-
nissen kommt es zu Umwegen oder Ersatzhandlungen, die
unserem eigentlichen Wesen nicht entsprechen (s. Ennea-

gramm). So können unsere „Lebensverbote und Schwächen" ein ungeheuer schöpferisches Potenzial entwickeln.

Die „Bedürfnispyramide" kann man der NLP-Pyramide gewissermaßen gegenüberstellen:

Transzendenz
Spirituelle Bedürfnisse, sich mit
dem Kosmos in Einklang zu fühlen

Selbstverwirklichung
Bedürfnis, das eigene Potenzial auszuschöpfen,
bedeutende Ziele zu haben

Ästhetische Bedürfnisse
Bedürfnisse nach Ordnung, Schönheit

Kognitive Bedürfnisse
Bedürfnisse nach Wissen, Verstehen, nach Neuem

Selbstwert
Bedürfnisse nach Vertrauen und dem Gefühl,
etwas wert zu sein und kompetent zu sein; Selbstwertgefühl
und Anerkennung von anderen

Bindung
Bedürfnisse nach Zugehörigkeit, Verbindung mit anderen,
zu lieben und geliebt zu werden

Sicherheit
Bedürfnisse nach Sicherheit, Behaglichkeit, Ruhe,
Freiheit von Angst

Biologische Bedürfnisse
Bedürfnisse nach Nahrung, Wasser, Sauerstoff,
Ruhe, Sexualität, Entspannung

Abb. 10: Bedürfnispyramide

Entscheidend ist hier, dass wir die Prioritäten der einzelnen Stufen bewusst – und in Einklang mit uns selbst – herstellen.

Seinen Charakter so kennen zu lernen, dass wir unsere unbewussten Vorlieben und Verdrängungen in unser Bewusstsein heben, ist spirituelle Arbeit, die allein zur Persönlichkeitsentwicklung und menschlichen Reife führt. Da dieser Weg nicht einfach ist, ist man – so Schönbächler – auf die spirituelle Begleitung anderer angewiesen. Somit werden Blockaden aufgelöst, wir leben im Bewusstsein unseres Selbst mit dem Ziel der größtmöglichen inneren und äußeren Freiheit.

Der Dalai Lama nennt dies den „Prozess des Wandels" (CUTLER, 2002) und nennt vier Schritte, um negatives Verhalten ins Positive zu verändern:

– Das Lernen (Ausbildung)
– Die Entwicklung von eigenen Überzeugungen (Wertmaßstäbe setzen)
– Anstrengung
– Bemühen

Vor allem die letzten zwei Schritte sind für eine positive Veränderung unablässig – sie bilden die Grundpfeiler der modernen Verhaltenstherapie. Hinzukommen muss jedoch auch unsere emotionale Einsicht, gepaart mit Entschlossenheit und Durchhaltevermögen auf lange Zeit – nur so sind die geistigen Ziele der Veränderung erreichbar. „Das Vorgehen des Dalai Lama zielt auf langsames Wachstum und Reifen. Er glaubt an die enorme, vielleicht sogar unbegrenzte Macht des Geistes – doch einen Geistes, der systematisch trainiert, konzentriert und über Jahre hinweg durch Erfahrung und wohlbegründete Vernunft geformt worden ist. Schließlich dauert es lange, das Verhalten und die Denkgewohnheiten zu erlernen, die zu unseren Problemen beitragen. Genau so lange brauchen wir, uns die neuen, das Glück fördernden Gewohnheiten anzueignen."

Eine ausgewogene Einschätzung der Realität – unserer Realität – kann hier sehr hilfreich und produktiv sein, „denn es kommt darauf an, eine klare Unterscheidung zwischen den eigenen Idealen und den Maßstäben zu treffen, an denen man seinen Fortschritt misst. – Als Buddhist zum Beispiel strebt

man sehr hohe Ideale an, denn man erwartet letztlich die volle
Erleuchtung. Das Streben nach dem Ideal der vollen Er-
leuchtung ist an sich noch kein Extrem – im Gegensatz zu der
Erwartung, das Ziel schnell, hier und jetzt zu erreichen." Wir
müssen uns also Zeit, und nochmals Zeit geben – auch im
Hier und Jetzt. Und Geduld üben!

Unsere Gedanken bestimmen unser Leben

Wie bereits ausgeführt, können wir uns durch mentale Techniken positiv konditionieren. So beruft sich der Dalai Lama
in seiner Lehre immer wieder auf die Tatsache, dass positive
Geisteszustände ein direktes Mittel gegen negative Geisteszustände sein können. Praktisch ausgedrückt heißt das, dass
wir die eigenen negativen Gefühle mit positiven Gegenüber-
stellungen sehr rasch verändern können. Wir ergreifen sozusagen alternative Denkweisen.

JOHANN CASPAR RÜEGG, Professor der Biochemie und eme-
ritierter Ordinarius des Physiologischen Instituts der Universität Heidelberg, untersucht die neuronalen Vorgänge im Gehirn ganz genau (Psychosomatik, Psychotherapie und Gehirn,
2001). Durch unsere Gefühle und Gedanken können wir an-
dauernd die Synapsen – Schaltstellen – unseres Gehirns verändern, und sind somit zu einer direkten Einflussnahme fähig.
Welche Möglichkeiten sich hieraus ergeben, ist noch nicht
ausmachbar zum jetzigen Zeitpunkt.

Mit einem Ausspruch des Dalai Lama – eine Empfehlung
für unsere angstbesetzte Zeit – möchte ich dieses Kapitel abschließen: „Wenn es eine Lösung für mein Problem gibt, besteht kein Grund zu Sorge. Gibt es keine Lösung, ist es ebenfalls unnötig, sich aufzuregen."

Eine wahrhaft pragmatische Aussage, die man sich öfters zu-
nutze machen sollte!

Im Bewusstsein all dieser Zusammenhänge der äußeren und inneren Welt könnten wir uns eigentlich einem „schöpferischen Sprung" – zumindest gedanklich – annähern, um Risiken bewusster einzugehen, unser Leben farbiger zu gestalten und im Sinne des Kreativen uns neu zu erfinden. Wir würden sicherlich leichter und mit mehr Wahlmöglichkeiten leben – und einige „Überraschungen" mit „Aha-Effekt" wären uns sicher!

Ein Live-Interview mit dem berühmten Chaosforscher Professor MITCHELL J. FEIGENBAUM, USA, vermittelt uns hierzu vielleicht einige Einsichten:

Interview mit Professor Mitchell J. Feigenbaum, Chaosforscher, USA

Herr Professor Feigenbaum, wie oft wurden Sie in Ihrem Berufsleben bewusst oder unbewusst von anderen irritiert?

Es irritierten mich in gewisser Weise überraschende Zusammenhänge und Wechselspiele zwischen vorhandenen Dingen. In der Tat beeinflusste dies mein Leben in besonderer Weise.

Könnten Sie mir dies bitte in einigen kurzen Sätzen näher erklären? Oder ist es zu kompliziert?

Ich hatte zwei Erfahrungen: Die erste Erfahrung war philosophischer Art, als ich 21 Jahre alt war. Ganz plötzlich wurde mir klar, dass Menschen über alles der verschiedensten Auffassung sein können. Man erwartet beispielsweise etwas Bestimmtes von einer Situation oder Menschen – und zwar dies, was man sieht, was man hört und welche Bewegungen damit verbunden sind – auch Gefühle und Verbindungen zu anderen Objekten und Menschen – und dann, wenn man in die Distanz geht, sieht alles sehr viel kleiner aus (es ist das Phänomen der Perspektive) – du hörst weniger gut, verstehst nicht, was vorgeht, hörst keinen Dialog mehr und das Geschehen an sich wird fremder und kurioser. So kam ich zu der Erkenntnis, dass all die verschiedenen Aspekte eigenständige Phänomene sind.

War dies das Beispiel mit dem Picknick? Zuerst waren Sie mit von der Partie – dann entfernten Sie sich räumlich, und zwar ziemlich weit weg, so dass Sie eine ganz andere Perspektive bekamen!

Ja – das war es. Ich war damals 21 Jahre alt.

Und von diesem Zeitpunkt an veränderten Sie Ihr Denken, Ihre Betrachtungsweise und auch, wie Sie über Dinge und Menschen sprachen?

Das Wichtigste für mich bei diesem Erlebnis war, dass man die Dinge im Gesamtkontext der Welt sehen muss. So auch in der Wissenschaft – man muss sich entscheiden, wie man in der Wissenschaft arbeiten will. Auf einmal war mir bewusst, dass die Dinge ganz anders sind, als ich bislang erfahren habe – und so setzte ein ernsthafter Denkprozess bei mir ein.

Forschten Sie ganz besonders in dieser Richtung?

Ich schrieb sehr viele Aufsätze – und zwar für mich selbst! Es war wie ein Brennpunkt im Sonnenlicht! Und dann die zweite Erfahrung: Im Alter von ungefähr 25 stand ich am Meer und beobachtete die Wellen im Sturm. Trotz all meiner mathematischen Kenntnisse hatte ich keine Idee der inneren Gesetzmäßigkeiten dieser Welt. Was würden die Wellen morgen, übermorgen machen? Auf einmal wurde mir klar, dass ich bislang alles unter mikroskopischem Aspekt gesehen hatte – mein ganzes Wissen, Forschen und Erklären. Hier berührte mich die ganze Welt und alle wissenschaftliche Erkenntnis, die ich bislang erwarb, konnte dieses Rätsel nicht erklären.

Das ist sehr beeindruckend für mich. Jetzt aber sind Sie älter geworden und reifer – wie sind jetzt Ihre Einsichten und Erfahrungen? Damals waren Sie 25 Jahre alt und seither beschäftigten Sie sich mit dieser Materie, wann kam die „Erleuchtung" über Sie, so dass Sie sagen konnten: „That's it"!

Ich glaube kaum, dass man dies jemals sagen kann. Sehr oft haben Sie für einige Zeit bestimmte Ideen in Ihrem Kopf, die sie nicht loslassen – und die die Welt tautologisch erklären. Dann wieder stellen Sie sie in Frage und sie beginnen zu verschwinden und werden blasser – und es kommen andere Ideen und Gedanken.

In welcher Phase sind Sie jetzt?

Im Moment, denke ich, bin ich mehr in einer professionellen, wissenschaftlichen Phase. Ich versuche, die Dinge im Gesamtkontext voranzutreiben und wissenschaftlich zu erklären.

Nun eine andere Frage. Mit Ihrem derzeitigen Wissen und Forschen sind Sie außergewöhnlich, um nicht zu sagen, mit niemandem vergleichbar. Denken Sie nicht, dass Ihre Sachkompetenz andere Personen automatisch irritiert?

Ich bin mir dessen nicht so sicher. Sicherlich irritiere ich in gewissem Sinne manche Menschen, aber ich meine doch, dass dies auch mehr ein „Aha-Effekt" sein kann in der Weise, dass man über die andere Denkweise überrascht und angeregt ist! Es ist gewissermaßen auch eine Vertrauenssache, dem anderen Glauben zu schenken und seinem Gedankengang zu folgen, anstatt weiter hin und her zu suchen. Die Menschen spüren, dass man etwas ‚anzubieten' hat und auch berechtigt ist, dies zu tun! Naturgemäß kommt es jedoch auch immer auf das Gegenüber an.

Und wenn dieses Gegenüber die Dringlichkeit Ihrer Mission
versteht mit all Ihren Gefühlen, dann – denke ich – wird es
begierig auf Ihre Botschaft sein.

Bei manchen Menschen stimmt das. Sie sind wirklich neugierig, andere Menschen zu treffen, die einen Einblick in das
Weltgeschehen haben. Und die vor allem auch darüber so erzählen können – phantasievoll und in Bildern – dass man es
nachvollziehen kann. Nur dann kann man von diesen Menschen auch lernen! Ich denke, dass ich oft von anderen Leuten in dieser Weise gelernt habe, wenn ich nicht in einer ich-
bezogenen Stimmung war.

Ich glaube, das Wichtigste hier ist, dass man über Neues für
sich selbst nachdenkt – und zwar in einem neuen Kontext der
Dinge und Sachverhalte. Vielleicht ist dies auf Dauer auch ein
wenig ermüdend für einen selbst – und andere, die mental nur
schwerlich folgen können. Was meinen Sie hierzu?

Ich glaube von Fall zu Fall ja. Aber Sie sehen ja nicht immer
solche Dinge und haben solche Erfahrungen, vor allem wenn
Sie danach suchen. Auf einmal haben Sie dann wieder eine andere Sicht und Einstellung. Indem man älter und professio-
neller wird – ich arbeite nicht mehr so viel wie früher – kann
man auf Erfahrungswerte und Wissen zurückgreifen, so dass
man mit kleinerem Einsatz ein Vielfaches erzielen kann.

Könnten wir jetzt einen gedanklichen Sprung zum Manage-
ment machen? Leben an sich ist Management von Menschen,
Dingen und Situationen. Wenn wir jetzt das Wort Irritation
mit hinzunehmen – können Sie das Leben mit Ihrem ge-
danklichen Hintergrund besser managen als andere?

Meine Freunde würden sagen, dass ich der letzte Mensch im
Zusammenhang mit Management wäre!

Könnten Sie mir bitte trotzdem diese Frage beantworten, da ich ein Management-Buch schreibe.

Ich kann Ihnen hier nicht helfen, es sei denn, wir kämen zu einem neuen Begriff von Management. In meinem Berufsleben sind all die Dinge, die gemanagt werden sollten, entsetzlich langweilig für mich! Ich wünschte, ich müsste all dies nicht tun!

Ist dies wirklich so?

Ja – und ich versuche, all dies auf die Seite zu schieben so lange wie möglich. Und manchmal lähmen sie mich geradezu, wenn ich im Nachhinein bin und unter Druck stehe. Beispiele sind die Empfehlungsschreiben für gewisse Leute, Entscheidungsfindung über einzustellende Studenten, Finanzierungsfragen, Bereitstellung von Geldern für gewisse Innovationen und – und

Ich weiß, was Sie meinen – aber meine Frage zielte auf Ihre eigene Person ab. Wie managen Sie sich selbst?

Was meinen Sie damit?

Ich denke dabei, wie Sie mit all Ihren Ideen, Erfahrungen und gedanklichen Inputs umgehen – und vor allem, wie Sie dann Ihren Output steuern.

Ich schätze, nicht sehr gut.

Warum?

Weil ich in manchen Dingen sehr – in anderen Dingen gar nicht organisiert bin. Ich kann die Dinge nicht gut ausbalancieren.

Meinen Sie damit Ihren mentalen, wissenschaftlichen Output?

Auch diesen kann ich nicht gut ausbalancieren! Manchmal arbeitet man sehr viel und nichts kommt dabei heraus. Der Geist ist unbeweglich! Ein anderes Mal arbeite ich genauso viel – und zwar aus innerer Einsicht – und große Dinge sind das Ergebnis!

Haben Sie sich für Letzteres gewisse Regeln geschaffen, um Ihren Output zu verbessern? Und vor allem die eigenen Irritationen abzubauen?

Nein, absolut nein!

Vielleicht denken sie einfach auch nicht darüber nach!

Ja, sie haben Recht! Ich denke nicht darüber nach – und doch bin ich nicht sicher, ob ich es nicht doch getan habe!
Regeln habe ich nicht für mich gefunden.

Aber ich bin ganz sicher, dass Sie – als anerkannter und einzigartiger Wissenschaftler – dies finden könnten. Es dürfte für Sie wirklich kein Problem sein. Denn wenn Sie keine Regeln aufstellen können – wer dann?

Nein doch – ich bin nur in bestimmten Dingen gut. Und ich kann Ihnen auch nicht sagen, ob solche Regeln in meinem Geist Fuß fassen könnten.

Stört Sie der Gedanke nicht, dass Sie eigentlich noch effizienter sein könnten, wenn Sie Ihre Gedanken auf dieses Ziel lenken würden?

Ich denke nie an diese Dinge. Es kommt mir nie in den Sinn!

Ich denke, dann sind Sie für mich fast wie im Paradies! Haben Sie ganz herzlichen Dank für dieses Gespräch.

Ganz zum Schluss noch diese Bemerkung: Sie arbeiten und leben mit dem Schlüssel „Management ohne Management". Dies könnte ein Titel für ein neues Management-Buch geben!

(Dieses Interview wurde von mir auf Englisch geführt und sinngemäß ins Deutsche übersetzt.)

Teil IV
Das Netz der Erfahrungen

Netze können sehr verschieden sein – Erfahrungen auch, je nach Lebenssituation, Person und Umweltbeziehungen. Entscheidend dürfte die eigene Wahrnehmung und die daraus resultierende Aktion zur Umsetzung verschiedenster Strategien sein, das heißt ein *Beziehungsmanagement*, das uns beruflich und privat weiterhilft.

Voraussetzung ist hier allerdings das Umdenken bei uns selbst – dass wir die alten Muster gegen neue eintauschen, die tragfähig, fest und solide sich zu einem neuen Netz ausbauen lassen.

1 Ganzheitliches Denken

In unserer mehr als komplexen Welt gilt der humorvolle Spruch von WOODY ALLEN mehr denn je: „I have an answer. Do you have the right question?"

Der Strategiepapst HENRY MINTZBERG, Management-Professor an der McGill University, Montreal, und gleichzeitig Spezialist für Organisation als Lehrbeauftragter bei INSEAD in Fontainebleau, gab auf einem Management-Kongress (veranstaltet vom Management Centre Europe, Brüssel) in Paris, 2001, genaue Direktiven in dieser Richtung:

Kreativ sein heißt anders sein, denn

– Organisationen haben keine Hierarchien, sondern bloß Mitarbeiter, die im Außen- und im Innenkontakt arbeiten und leben. (Mittelmanagement)
– „Lean is mean." – Es ist nicht wunderbar, wenn man Leute feuert!

- Jetzt ist die Zeit, die Bremser zu bremsen, um die Mitarbeiter, die nur finanzielle Kontrolle ausüben, zu verunsichern und vielleicht in eine andere Richtung zu bringen.
- Das Problem bei der Strategiefindung innerhalb eines Unternehmens sind die Topleute, die glauben, wirkliche Strategen zu sein.
- Dezentralisierung scheitert an einem objektiven Wert- und Größenmaßstab.
- Großunternehmen brauchen keine Topleute an der Spitze. Teamhierarchien sind angesagt.
- Je größer die Organisation, desto mehr „Seele" sollte sie haben.
- Jetzt ist die Zeit, die MBA-Programme zu beenden. Was wir brauchen, sind Manager mit Leib und Seele – keine im Klassenzimmer gezüchteten „Fallbeispiele".
- Organisationen brauchen ständige Zuwendung statt temporärer Hilfe. Das Modell des „Nursing" ersetzt das der „Chirurgie".
- Das Hauptproblem des heutigen Managements ist, dass alles schnell, oberflächlich und effizient sein soll.

MINTZBERG nennt dies die zehn No's für Manager!

Das Stichwort dieser zwei Seminartage war denn auch mit den Worten von JAMES CLAVELL gesprochen: „It's all so simple: just change your concept of the world."

Wir reorganisieren zwar im Management alles und jeden, aber niemals unseren eigenen Kopf! Wir haben feste Raster und Muster, die wir immer wieder in verschiedenen Formen einsetzen – aber fast nie originäre Handlungsanweisungen, die wirklich etwas Neues bringen (s. auch NEUBEISER, 1993).

Daher postulierte MINTZBERG die zehn No's für Manager. Als positiv gewendete Folge aus diesen zehn No's formuliert er ganz einfach drei Grundforderungen für Manager:

- mehr Intuition
- mehr Kreativität
- mehr Kommunikation

Denn der moderne Unternehmensführer ist Vordenker, Stratege, Planer, Manager und Change-Master in einer Person.

Oft liegt die Wahrheit nicht in der Mitte, vielmehr in der Provokation der gegebenen Umstände. So geht MINTZBERG von einem vereinfachten Modell aus, das die vier Grundformen der Organisation beinhaltet:

1. Das maschinelle Unternehmen (Effizienz des Produkts)
2. Das professionelle Unternehmen (durch Erfahrung managen)
3. Der Unternehmer (mit Vision managen, Neuerungen einführen)
4. Das unbürokratische Unternehmen (Projektmanagement, Innovationen)

Je nach Unternehmensform sind für Strategie, Planung, Vision und Change-Management andere Tools nötig. Hier kurz einige „Strategie-Schwerpunkte":

- Strategie ist ein detaillierter Plan, sein sich selbst gestecktes Ziel oder einen Vorteil zu erreichen.
- Strategien müssen mehr als sorgfältig definiert und in die jeweilige Unternehmensform implementiert werden, wobei letzteres die größte Schwierigkeit bedeutet.
- Strategisches Denken erfordert ganzheitliches Denken – Bird's view – d. h. der Blick von oben in die Zukunft.
- Ohne nachhaltiges Denken kann man keine guten Strategien schaffen.
- Strategie ist immer ein Prozess, der sich Schritt für Schritt an die fließenden Umstände angleicht.

– Hierbei müssen immer drei Aspekte berücksichtigt werden:
 (1) das Denken
 (2) fortdauerndes Lernen und hieraus resultierendes Handeln
 (3) Ergebnisse statuieren und fortschreiben.

Strategien resultieren demnach als Plan aus einer Position bzw. Weltanschauung und müssen demzufolge sorgfältig auf ihren Realitätsgehalt geprüft werden!

Die einzelnen Strategien laufen sodann in einer *Vision* zusammen, die – wenn sie echt ist, niemals niedergeschrieben werden muss, denn man wird sie nie vergessen! Sie ist wie ein „Fallschirm" mit verschiedenen Reißleinen, die flexibel gezogen werden können. „Vision is making the future happen", wobei dem ständigen Lernen eine besondere Rolle zukommt, denn alle Strategien sind unweigerlich mit Lernen verbunden!

Auch dem Begriff „Vision" gibt MINTZBERG einen exakten Namen:

– Visionen reduzieren die Komplexität des Unternehmens
– Visionen kanalisieren die Eigendynamik des Unternehmens
– Visionen schaffen Identität im und mit dem Unternehmen
– Visionen vermitteln Geborgenheit und Zusammengehörigkeit
– Und nicht zuletzt: Visionen vitalisieren das gesamte Unternehmen!

MINTZBERG ist dem Management-Jargon gegenüber sehr kritisch eingestellt, denn „change" muss nicht „powerful" vonstatten gehen, vielmehr behutsam mit Einfühlungsvermögen und Verständnis für alle Beteiligten. Er hat ein eigenes Vokabular. Für ihn sind folgende gängige Stichworte „noisy words":

- Globalization
- Empowerment
- Change
- Leadership

„Some quiet words about another way" hingegen sind diese Wörter:

- Inspiring (instead of empowering)
- Caring (instead of curing)
- Infusing (instead of intrusion)
- Integrity (instead of rationality)
- Perspective (instead of positions)
- Learning (instead of planning)

Den Satz „Nichts ist beständiger als der Wandel" mögen wir kaum mehr hören, da er nur bei Unprofessionellen die Runde macht! Tatsächlich beginnt der Wandel bei uns selbst, in unserem Kopf durch Hinterfragen, konstruktive Kritik, Fantasie und Intuition – einem Gespür für Menschen und Dinge.

Auf drei Ebenen kann der Wandel ablaufen:

1. im System (durch strategisches Planen)
2. durch Leadership (neue Teambildung mit Innovationen)
3. organisch (durch strategisches Lernen).

Mit diesem Rüstzeug sind wir imstande, ein weittragendes Netz zu knüpfen, das durch Geben und Nehmen haltbar ist, eine Hilfe bei Entscheidungsfindungen, eine Orientierung in aller Komplexität.

2 Wie finden wir den richtigen Netzwerkpartner?

Wie immer stellt sich zuerst die Frage: „Wer sind wir – und
was wollen wir?" Im Sinne einer Organisation und auch der
ihr angehörigen Einzelmitglieder. Denn wir sind im Mittel-
punkt eines Gefüges, das durch Knoten verbunden ist, und
diese Knoten sind wir selbst!

Sinngemäß suchen wir eine Verbindung mit Gleichgesinnten,
um Informationen und Erfahrungen effektiv austauschen zu
können und mit unserer Arbeit zu verbinden.

Hier spielt die Unternehmenskultur eine ganz wesentliche
Rolle. Professor Dr. HERMANN SIMON gibt dem Kind so auch
einen spezifischen Namen mit seiner Definition: „Unterneh-
menskultur ist das von den Mitarbeitern anerkannte und als
Verpflichtung angenommene Werte- und Zielsystem eines
Unternehmens."

Unternehmen derselben oder ähnlicher Unternehmenskultur
werden keine Schwierigkeiten in einer gegenseitigen oder
multilateralen Vernetzung haben – sie erkennen dieselben
Werte an, die sie innerhalb und außerhalb ihrer Organisation leben. Sie sind vom gleichen Geist geprägt und haben
demnach eine stimmige Kommunikation, die relativ schnell
auf den Punkt kommt ohne zeitintensive Umwege. So können
Informationen ungehindert hin und her fließen, Wissens-
und Erfahrungsaustausch gepflegt, Problemlösungen ohne
Blockaden besprochen und gemeinsame Zielaufgaben definiert werden.

Auch der Kreativität werden bei Vernetzungen jeglicher Art
neue Horizonte teil. Die liebgewordene Isolation wird aufge-
brochen – Forschungsergebnisse werden gemeinsam geteilt

und eine neue „Fehlerkultur" entwickelt, die Risikobereit-
schaft und demzufolge Innovationen fördert. Talente sind
wieder gefragt – wie bereits in Teil II ausgeführt – und eine
neue Toleranzgrenze nach oben gezogen.

ROBERT I. SUTTON, Organisationspsychologe und Professor
für Management an der Stanford Engineering School, spricht
hier in diesem Zusammenhang vom „Zündfunken der Innovation" und fragt provokativ (Harvard Business Review
8/01): „Welcher vernünftige Chef würde einen Bewerber einstellen, der sich nur langsam in die Firmenkultur eingewöhnt
oder bei anderen Mitarbeitern aneckt? Und wer würde jemand in Erwägung ziehen mit Qualifikationen, die das Unternehmen gar nicht braucht, oder der keine Erfahrung mit
den Problemen hat, die gelöst werden müssen? So komisch es
scheint, gerade für Organisationen, die Innovation als ihr Le-
benselixier betrachten, sind solche Defizite probate Einstel-
lungsgründe."

Er will den „Funken managen" – und zwar gegen den Strich:
„Haben Sie ein Talent eingestellt, so besteht Ihre nächste Aufgabe darin, etwas mit ihm anzufangen. Wieder kommen meine Ratschläge jenen verrückt vor, die meinen, die besten Wege zur Ausführung von Routinetätigkeiten eigneten sich auch
für innovatives Arbeiten. Wenn Sie sich Kreativität wünschen,
sollten Sie Mitarbeiter ermutigen, Vorgesetzte und Kollegen
zu ignorieren, ihnen zu widersprechen – und wenn Sie schon
dabei sind, bringen Sie die Leute dazu, sich zu streiten. Geben Sie Mitarbeitern, die sich an ihrem Arbeitsplatz auf ein-
gefahrenen Gleisen eingerichtet haben, andere Aufgaben.
Fangen Sie an, nicht nur Erfolge zu belohnen, sondern auch
Fehlschläge. Einzig Untätigkeit sollte bestraft werden."

Er stellt eine „Ideen-Liste für Kreativitätsmanagement" auf:

Ideen für das Kreativitätsmanagement

Effektive Managementmethoden sehen unterschiedlich aus, je nachdem, ob neue Anwendungen für bestehende Ideen oder Innovationen gesucht werden.

Ungewöhnliche Ideen, die funktionieren	Konventionelle Ideen, die funktionieren

Entschließen Sie sich zu etwas, das wahrscheinlich

fehlschlagen wird, und überzeugen Sie sich und andere davon, dass der Erfolg gewiss ist.	Erfolg haben wird, und überzeugen Sie sich und andere davon, dass der Erfolg gewiss ist.

Belohnen Sie

Erfolg und Misserfolg, bestrafen Sie nur Untätigkeit.	Erfolg, bestrafen Sie Misserfolge und Untätigkeit.

Suchen Sie

nach Wegen, um Kunden, Kritiker und alle, die nur über Geld reden wollen, zu meiden, abzulenken oder zu langweilen.	Kontakt zu Menschen, die Ihre Arbeit unterstützen und bewerten werden, und hören Sie auf diese.

Denken Sie nach über

unsinnige oder undurchführbar erscheinende Vorhaben, und planen Sie deren Ausführung.	sinnvolle oder machbare Vorhaben, und planen Sie deren Ausführung.

Finden Sie einige glückliche Leute

und veranlassen Sie sie, sich zu streiten.	und sorgen Sie dafür, dass diese sich nicht streiten.

Stellen Sie ein:

„Langsam-Lerner", die sich dem Unternehmenskodex nur langsam anpassen. Menschen, die bequem für Sie sind, selbst solche, die Sie nicht mögen. Menschen, die Sie (vielleicht) nicht benötigen.	„Schnell-Lerner", die Unternehmensbräuche rasch übernehmen. Menschen, die Ihnen angenehm sind und die Sie mögen. Menschen, die Sie (vielleicht) benötigen.

Betrachten Sie Ihre bisherigen Erfolge

und vergessen Sie sie.	und versuchen Sie, diese zu wiederholen.

Nutzen Sie Bewerbungsgespräche,

um neue Ideen zu sammeln, nicht aber, um Bewerber zu durchleuchten.	um Bewerber zu prüfen und um neue Mitarbeiter einzustellen.

Ideen für das Kreativitätsmanagement

Ungewöhnliche Ideen, die funktionieren	Konventionelle Ideen, die funktionieren
Ignorieren Sie Menschen,	
die genau jenes Problem schon einmal gelöst haben, vor dem Sie gerade stehen.	die noch nie jenes Problem gelöst haben, vor dem Sie gerade stehen.
Ermutigen Sie Menschen,	
Vorgesetzten und Kollegen zu widersprechen und sie auch mal zu ignorieren.	auf Vorgesetzte und Kollegen zu hören und ihnen zu gehorchen.
Fazit	
Kreative Unternehmen und Teams sind ineffiziente (und oftmals Verdruss bereitende) Arbeitsorte.	Effizienz lässt auf ein effektives Nutzen erprobter Ideen schließen.

Es klingt absurd – aber man muss einen klaren Trennungs-strich zwischen Routinearbeiten und kreativen schöpferi-schen Tätigkeiten ziehen! Denn was hier sich als richtig er-wiesen hat, blockiert dort neue Sichtweisen und Wege. Risi-kobereitschaft wird hoch aufgehängt bei letzteren, denn Flops sind immer noch mehr an der Tagesordnung als geniale Ein-fälle. Aber „dennoch gibt es eine einfache, wirksame Metho-de, die Wahrscheinlichkeit zu erhöhen, dass ein riskantes Pro-jekt gelingt: sich ihm mit ganzem Herzen verschreiben. Über-zeugen Sie sich und andere, dass das Projekt ein Erfolg wird."

Kennen Sie in diesem Zusammenhang die „72-Stunden-Re-gel?"

In einer Studie in den USA wurde festgestellt, dass der Erfolg einer neuen Idee in erster Linie davon abhängt, ob innerhalb von 72 Stunden auch dementsprechend gehandelt wird. Selbst wenig erfolgreiche Menschen haben immer wieder neue Ideen. Entscheidend ist, ob sie innerhalb der oben an-gegebenen Zeitspanne an eine Umsetzung denken und aktiv handeln. Denn wenn nicht hier die ersten konkreten Schritte unternommen werden, um eine neue Idee zu verwirklichen, fällt diese unter den Tisch und kommt nie wieder zum Vorschein!

Die amerikanische Studie kam zu dem wenig erfreulichen Ergebnis, dass die Wahrscheinlichkeit, eine Idee nach den kritischen ersten 72 Stunden noch umzusetzen bei 1:99 liegt! Unsere Chance liegt also bei drei Tagen!

ROBERT I. SUTTON hinterfragt sich abschließend selbst und sagt: „Viele Entscheidungsträger finden diese Ratschläge zu Innovationsmanagement verrückt. Die meisten Unternehmen verwenden mehr Zeit, Personal und Geld darauf, alte Ideen auszuschlachten, statt neue zu erforschen. Weil gute Ideen nicht von selbst auftauchen, bedarf das Fördern von Kreativität immer einer bewussten Anstrengung. Doch wenn Sie Künstlerfreunde haben, werden Sie wissen, dass es Erleuchtungseffekte in beide Richtungen gibt: Menschen, die ihre Zeit mit kreativer Arbeit verbringen, erscheint die Art, wie die meisten Unternehmen geführt werden, ebenso verrückt." (s. auch NEUBEISER, Die Logik des Genialen, 1993)

3 Netzwerke in der Praxis

Wir haben gesehen, dass das Sprichwort „Gleich und gleich gesellt sich gern" hier seine Bestätigung gefunden hat. Bereits im Abschnitt „Quellen der Identität" kam dies deutlich zum Ausdruck – Erfahrungsaustausch und Feedback auf der gleichen Gesinnungsebene, Orientierung und Motivation ebenso. So können Reibungsverluste vermieden und die Effizienz erhöht werden. Kreative Unternehmen suchen jedoch die „Streitkultur" und orientieren sich an Defiziten und Unterschiedlichkeiten – neue Ideen sollen dann diese Unebenheiten einebnen. Hier beschleunigen Partner und Netzwerke den Innovationsprozess – neben unzufriedenen Kunden, wie eine Studie des Beratungshauses Advanced Innovation, Wien, mit

450 Befragungen von Managern aus Deutschland, Österreich
und der Schweiz kürzlich belegte. So sind „notorische Nörg-
ler" gefragt, neben Verbraucherforen im Internet, in denen
kritische Kunden Erfahrungsaustausch über Produkte pflegen.

EIGENE IDEEN BEVORZUGT

Die wichtigsten Quellen für Innovationen
(Werte auf einer Skala von 0 = unwichtig bis 7 = wichtig)
Umfrage unter 450 Unternehmen

Mitarbeiter	5,4
Kunden	5,3
Internet	5,1
Partner, Netzwerke	5,1
Publikationen	4,8
Wettbewerber	4,8
Messen, Fachtagungen	4,2
Universitäten, Forschung	4,1
Lieferanten	3,8

Abb. 11: Quellen für Innovationen   Quelle: Wirtschaftswoche v. 3.7.2003.

Netzwerke werden extern zur Chancen-Optimierung aufge-
baut:

– Kooperation komplementärer Unternehmen (keine direk-
  te Konkurrenz, aber ähnliche Märkte)
– Risiken teilen und Überlebenschancen optimieren
– Vertrauensaufbau
– Kundenbeziehung vertiefen und erweitern
– Flexibilität vergrößern
– Kontakte zu Universitäten, Messen, Verbänden
– Internationale und interdisziplinäre Netzwerke
– Wissensnetzwerke über IT
– Verbesserter Kapitaltransfer
– Aufwertung des gesamten Netzwerkes durch prominente
  Personen

Für Letzteres steht das kürzlich gegründete Experten-Netz-
werk „Mittelstand-Plus", das von der Wirtschaftswoche, der
Unternehmensberatung McKinsey, dem Deutschen Industrie-
und Handelskammertag (DIHK) sowie der Kreditanstalt für
Wiederaufbau (KfW) getragen wird. McKinsey-Chef
(Deutschland) JÜRGEN KLUGE sagt hierzu: „Die Internatio-
nalisierung, der wachsende Wettbewerbsdruck und die Notwendigkeit, neue Märkte zu erschließen, stellen deutsche Mit-
telständler vor große Herausforderungen. Mittelstand-Plus
soll ihnen helfen, Fachleute zu finden, die sie langfristig bei
der Lösung dieser Aufgaben mit ihrem Wissen unterstützen."
Die Kontaktbörse www.mittelstand-plus.de startet mit über
430 registrierten Experten aus allen Branchen und Fachbe-
reichen.

Der Zukunftsforscher JOHN NAISBITT sagte dem „Network"
bereits in den 90er Jahren den größten Stellenwert für kom-
mende Dekaden voraus. Neben den neuen und alten traditionellen männlichen Netzwerken und Seilschaften können
jedoch auch weibliche Berufsnetzwerke mittlerweile mithal-
ten. So gehörten in den 90ern dem ersten Frauennetzwerk in
den USA über 3000 kleinere Netzwerke an (Women's Network). Sie gaben sich mit ihren authentischen Feedbacks gegenseitige Orientierung in einer sehr männlichen Welt, die
von Kompetenz und Dominanz mehr denn je geprägt war.
1990 schrieb ich in „Management-Coaching": „Denn nur zu
gerne nehmen Frauen symbolisch Abstand von dem – für sie
negativ besetzten Begriff Macht. Zweifel und mangelndes
Selbstvertrauen, Rollenkonflikte und der Gedanke, nur eine
'Superfrau' entspräche den Vorstellungen der Umwelt, sind
die inneren Hemmschwellen, die sie daran hindern, die Karriereleiter mutig zu erklimmen. Diese Barrieren müssen über-
wunden werden! Der Begriff Macht wird auch heute noch
weitgehend Männern zugeschrieben, und zwar aufgrund der
Tradition, individueller Vorurteile und auch pragmatischer
Erwägungen. Hier ist für Frauen ein wirklicher Lernprozess
angesagt."

Heute haben Frauen diese „Lernaufgabe" bestanden – national und international gibt es Frauennetzwerke der verschiedensten Couleur.

„Ein Netzwerk ist wie eine Hand, die einen vor dem Fallen bewahrt, die Schutz und Geborgenheit gibt. Denn die unumgängliche Bewährungsprobe, die Frauen auf der Karriereleiter nach oben erbringen müssen, erzeugt einen ungeheueren Druck. Ein Netzwerk kann diesen Druck mindern, und zwar durch gegenseitige Akzeptanz und Toleranz. Die Schwierigkeiten des Alltags und des Berufs mit seinen Hierarchien und ungeschriebenen Gesetzen bekommen einen gemeinsamen Nenner." (NEUBEISER, 1990)

Dies gilt heute – in der wirtschaftlichen Rezession – mehr denn je. Selbstvertrauen, Mut, Glaubwürdigkeit neben Kompetenz, Durchhaltevermögen und Empathie sind gefragt und gefordert.

Ein Netzwerk ist wie eine Tür, die man nur zu öffnen braucht – aber man muss auch eintreten, und zwar richtig. Das heißt, dass man zu geben und zu nehmen bereit ist – aus der Position der Stärke. Ein Netzwerk ist nur so gut oder schlecht wie diejenigen, die daran knüpfen! JANE WILSON, die größte US-Expertin in Bezug auf weibliche Netzwerke, urteilte bereits in den 90er Jahren kritisch: „Es ist eine Tatsache, dass bis auf den heutigen Tag die Frauen gezögert haben, die eigenen Beziehungen auszunützen. Sie sind von zahlreichen Skrupeln erfüllt, welche den Männern fremd sind. Diese blockieren dieses höchst wirksame Mittel für die Umwandlung der eigenen Wirklichkeit."

Im Verlaufe der Jahre haben Frauen gelernt – aber auch Lehrgeld gezahlt und in Erfahrung umgemünzt! Diese Erfahrung lässt uns authentisch und aufrechten Ganges unseren Berufs- und Privataufgaben nachgehen – und wir haben sogar Spaß dabei! Es ist kaum zu glauben, dass wir Netzwerke begründet haben, die

- offen, dynamisch und flexibel sind,
- einen Dialog mit anderen Frauen und Kulturen führen,
- eine neue Identifikationsfindung ermöglichen,
- sowie eine strategische Karriereentwicklung,
- einen Informations- und Erfahrungsaustausch – individuell und den persönlichen Bedürfnissen angepasst,
- ein Feedback für uns selbst und andere sind,
- und gegenseitige Hilfeleistung anbieten.

Unter der Vielzahl dieser Netzwerke (EWMD – European Women Management Development; FIM – Frauen im Management; TIA – International Alliance, USA; SIETAR, Brüssel; Taten statt Wort, Bonn; u. v. a.) möchte ich auf eines näher eingehen, das in der Tat in seiner Konstruktion bislang einmalig war: NEFU – Das Netzwerk der Einfrau-Unternehmerinnen, Schweiz (www.nefu.ch).

Vor zehn Jahren von NELLY MEYER-FANKHAUSER in einer Privatinitiative begründet, wird es bis heute in einer unbürokratischen, freien Atmosphäre gelebt, die ihresgleichen sucht. Es ist ein Netzwerk der besonderen Art, vereinigt es doch Unternehmerinnen der unterschiedlichsten Wirtschaftsbereiche – Gastronomie, Blumendekors, Consulting, Kunst, Antiquitäten, Buchbinderei, Schreibservice u. v. a. – mit weit gefächerten Zielvorgaben zu einer kreativen, eingeschworenen Interessengemeinschaft!

Freiwilligkeit steht im Vordergrund, keinerlei Zwang ermöglicht eine fast unbegrenzte Motivation zum Erfahrungsaustausch mit Power, Kompetenz und Ideenvielfalt, die immer wieder neue Synergien zu adäquaten „Lebens- und Berufsmodulen" kreiert.

Es gibt immer eine Lösung, man muss sie nur finden wollen, heißt die Devise dieser Frauen, die diszipliniert, lernfähig, neugierig und humorvoll ihren Erfolgsweg gehen und andere mitziehen.

Als „Einfrau-Unternehmerin der ersten Stunde" habe ich dieses Netzwerk zehn Jahre lang begleitet – ein Geben und Nehmen mündet in vielfältige, reiche Erfahrungen. Ein Handbuch „Wirtschaften ist weiblich – vernetzt denken auch" (2000) beschreibt informativ die ersten Anfänge und die fortlaufenden Erfolge dieses Einfrau-Netzwerkes.

Accenture – die bekannte IT-Beratung – erstellte 2002 eine hochinformative Studie „Frauen und Macht – Anspruch oder Widerspruch?" Befragt wurden Vorstandsvorsitzende, Professorinnen, Bundestagsabgeordnete, Geschäftsführerinnen, Nationalrätinnen und Unternehmerinnen, und zwar aus Deutschland, Österreich und der Schweiz (erste und zweite Führungsebene). Wie ausgeprägt ist bei diesen Frauen der Wille zur Macht? Was sind – aus weiblicher Sicht – die wichtigsten Attribute einer Führungskraft? Welche Strategien müssen eingesetzt werden, um weiblichen Spitzenkräften in Wirtschaft, Politik und Wissenschaft zu mehr Stimme zu verhelfen? Was sind die eigentlichen „Karriere-Schrittmacher"? Sind es die „hard" oder „soft facts"?

Bereits ELEANOR ROOSEVELT zeigt mit ihrem Ausspruch: „Du musst genau das machen, wovon du glaubst: das kann man nicht machen!" den künftigen Weg für junge Managerinnen auf.

Die Ergebnisse der Studie sind erstaunlich:

Macht macht Frauen nicht an – vielmehr sind es ihre unternehmerischen und analytischen Fähigkeiten, vor allem ihre Entschluss- und Durchsetzungskraft, die sie auf die Top-Ebene brachten. Erstaunlicherweise zählt der Machtaspekt – mit Ausnahme der Politikerinnen – nicht viel. Sie setzen zwar auf „männliche Eigenschaften", um den männerdominierten Führungsrollen zu trotzen, bleiben jedoch in ihren Zielen insgesamt „weiblich". 77 Prozent der Befragten werden vorrangig durch „intellektuelle Herausforderungen" motiviert und dem Wunsch „etwas Sinnvolles zu tun".

Die Sozialkompetenz bei Frauen ist eindeutig höher als bei Männern angesiedelt – ihre Kommunikation ist bedürfnisorientiert und damit zielgerichtet und empathisch, teamfähig mit Einfühlungsvermögen und harmonieren so mit ihren Motivationen.

Zwei Schaubilder sollen dies verdeutlichen:

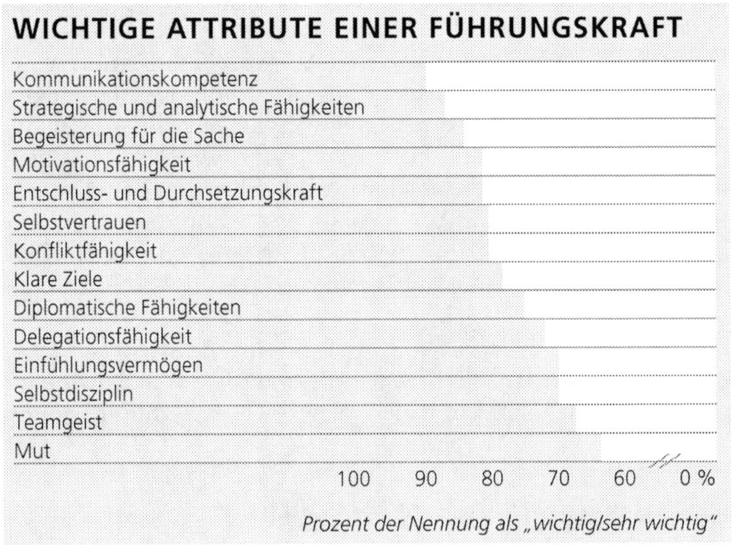

WICHTIGE ATTRIBUTE EINER FÜHRUNGSKRAFT

Kommunikationskompetenz
Strategische und analytische Fähigkeiten
Begeisterung für die Sache
Motivationsfähigkeit
Entschluss- und Durchsetzungskraft
Selbstvertrauen
Konfliktfähigkeit
Klare Ziele
Diplomatische Fähigkeiten
Delegationsfähigkeit
Einfühlungsvermögen
Selbstdisziplin
Teamgeist
Mut

                          100   90   80   70   60   0 %

Prozent der Nennung als „wichtig/sehr wichtig"

Abb. 12: Attribute einer Führungskraft   © Accenture 2002

WICHTIGE MOTIVATOREN FÜR TOP-FRAUEN

Interessante und anregende Arbeit	77
Etwas Sinnvolles tun	61
Meine mir gesetzten Ziele umsetzen	46
Mich in meinem Beruf auszeichnen	38
Meine Ideen in die Praxis umsetzen	37
Beziehungen mit Kunden und Mitarbeitern	28
Anderen beweisen, dass ich meine Ziele verwirklichen kann	12
Finanzielle Ziele	11
Macht und Einfluss zu erreichen	11
Mich von der Masse abheben	10
Auf der Siegerseite stehen	9
Öffentliche Anerkennung	5
Mit 50 Jahren in den Ruhestand gehen	3

100   80   60   40   20   0 %

Prozent der Nennung als „sehr wichtig"

Abb. 13: Motivatoren für Top-Frauen   © Accenture 2002

Fragen wir nun nach den „Karriere-Killern", so ist die Antwort mehr als einfach: Allein die Tatsache zählt, eine Frau zu sein! Die männerdominierte Kultur am Arbeitsplatz und die Vereinbarkeit von Beruf und Familie fallen schwer in die Waagschale. Ersteres kann mit den entsprechenden Strategien aufgeweicht werden kann, doch Letzteres ist nicht so einfach in den Griff zu bekommen. So sind denn auch 34 Prozent der Befragten ohne Kinder, entweder verheiratet oder mit Partner zusammenlebend und 18 Prozent ledig – ebenfalls ohne Kinder. Aber trotzdem zeigt das Ergebnis der Studie, dass das Klischee von der jungen, amazonenhaften Single-Karrierefrau ausgedient hat. Insgesamt 44 Prozent der befragten Frauen sind zwischen 41 und 50 Jahre alt, 37 Prozent zwischen 31 und 40 Jahre, 16 Prozent über 50 Jahre und lediglich 4 Prozent unter 30 Jahre.

Bereits SOKRATES sagte: „Eine Frau gleichgestellt, wird überlegen." Aber politisch sollte einiges für berufstätige Frauen in die Wege geleitet werden, denn alle Befragten hatten wenig

Vertrauen zu den selbstregulierenden Kräften des Marktes. So geht die Forderung unisono zur Bereitstellung von Kindertagesstätten und flexiblen Arbeitsmodellen, um der Familie gerechter werden zu können. Mentoring und Frauen-Netzwerke stehen an dritter Stelle mit 65 Prozent.

Eine klare Forderungsübersicht ergibt die Studie wie folgt:

HINDERNISSE WÄHREND DER KARRIERE

Männerdominierte Kultur beim Arbeitsplatz
Vereinbarkeit von Beruf und Familie
Mangel an weiblichen Vorbildern/Mentorinnen
Männliche Kollegen/Kandidaten vor mir befördert/gewählt
Mangel an flexiblen Arbeitsmodellen
Zu wenig Förderung als Schülerin/Studentin
Ausbildung/Training
Alter
Sozialer Hintergrund
Politische/ideologische/religiöse Ansichten
Ethnischer Hintergrund
Körperliche Behinderung

| | 5 | 4 | 3 | 2 | 1 |

(Skala: 1 = kommt nicht in Frage; 5 = sehr wichtiges Hindernis)   *Durchschnittsrate*

Abb. 14: Hindernisse während der Karriere   © Accenture 2002

In Europa ist laut Sozialstatistik der Gesamtanteil von Frauen in Führungspositionen (erste und zweite Führungsebene) von 1992 bis 2000 leicht gesunken. Lag der Anteil zu Zeiten der elf EU-Mitgliedsstaaten 1992 noch bei 29,5 Prozent, so ist dieser bei der 15-Staaten-Gemeinschaft im Jahre 2000 gerade mal 30 Prozent!

Interessanterweise verzeichnen die Länder mit einem hohen weiblichen Führungskräfteanteil eine ebenfalls hohe Geburtenrate – und umgekehrt. Das europäische Schlusslicht mit durchschnittlich 1,4 Kindern pro Frau ist Deutschland – es hat einen Führungskräfteanteil – weiblich – von nur 27 Prozent. Das stimmt nachdenklich, denn die Schweiz liegt mit 23 Prozent und ebenfalls 1,4 Kindern vergleichsweise – gemessen an der Bevölkerung – besser, so wie Österreich mit 30 und Frankreich mit 35 Prozent (1,7 Kinder). Eine zukunftsweisende Strategie sollte daher „Diversity of Management" sein, die global übergreifend internationale Arbeitsmodule beinhaltet. Das internationale Netzwerk SIETAR hat sich schon lange „Diversity" auf ihren Banner geschrieben!

Erneut ist Durchhaltevermögen, Kraft und Mut angesagt – ein Self-Coaching, das unsere Stärken vermehrt und unsere Schwächen minimiert.

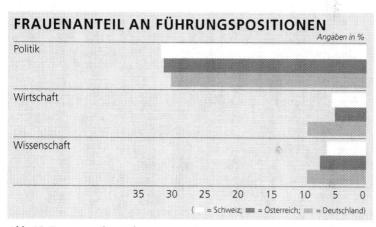

FRAUENANTEIL AN FÜHRUNGSPOSITIONEN
Angaben in %

Politik

Wirtschaft

Wissenschaft

35 30 25 20 15 10 5 0

(= Schweiz; = Österreich; = Deutschland)

Abb. 15: Frauenanteil an Führungspositionen © Accenture 2002

4 Erfahrungen umsetzen und fortschreiben

„In welcher Gesellschaft leben wir? Und wie wird die soziale Realität in Zukunft aussehen? Ist unsere Gesellschaft in immer schnellerem, ja schwindelerregendem Wandel begriffen? Zerfällt sie in ihre individualistischen Einzelteile? Oder ist unter dem Strich alles wie früher?

Diese Fragen stellte der Zukunftsforscher MATTHIAS HORX, Leiter des bei Frankfurt ansässigen Zukunftsinstituts, in einer 2002 veröffentlichten Studie (Auszüge in: Die Welt, 20.4.2002).

Zum besseren Verständnis sucht HORX nach Schwerpunkten, die unser soziales Gefüge bestimmen:

- Soziale Mobilität
- Die Single-Plus-Kultur
- Vormarsch der Minoritäten („exotische" Lebensarten wie Wohngemeinschaften, homosexuelle Haushalte, nomadische Haushalte u. a.)
- Die neue Zweisamkeit (nicht Singles, sondern ‚Dingles' – kinderlose Paare)
- Die diversifizierte Familie (Patchworkfamilien etc.)

So wird die Vielfalt der Lebensformen weiter ansteigen, die sich – so HORX – einer einfachen ideologischen Definition entzieht. „Denn Menschen können äußerst konservativ sein und dabei doch unkonventionelle Lebensmodelle leben. Familienwerte und Familiensehnsucht widersprechen sich nicht, im Gegenteil: je höher die Lebenskomplexität, desto tiefer die Sehnsucht nach genealogischer Bindung, nach Überwindung des Ego. Auch vom Werteverfall kann keine Rede sein. Freiheitswerte werden vielmehr mit Bindungswerten kombiniert und integriert. Das sieht man an der starken Bedeutung von Freundschaft, denn in Freundschaftsnetzen lässt sich Unabhängigkeit und Bindung betonen. Das ‚networking' ist die soziale Grundtechnik dieser Welt. Der Unterschied zu früher liegt vor allem in den harten Brüchen zwischen den Phasen ... Die Spannungen zwischen den Sphären der Arbeit und des Privaten wachsen teilweise ins Unerträgliche. Die Rollen drehen sich um: Plötzlich heiraten auch ältere Frauen jüngere Liebhaber. Es entsteht so eine ‚Kultur des Scheiterns', denn natürlich ist der Einzelne mit den Anpassungsleistungen oft überfordert."

Hier sind wir wieder beim „freien Fall"! Bei den weitaus übereinstimmenden Aussagen meiner Interviews und der Forderung nach individueller Freiheit und persönlicher Authentizität für sich selbst! Hierbei werden der Wahlfreiheit große Bedeutung zugeschrieben (Interview Späth und Soltau): sich ständig relativieren, mit neuen Lebensumständen arrangieren und Überraschungseffekte miteinbeziehen. Identitätsfindung ist insofern ein künstlerischer Prozess und letztlich die Annäherung an eine souveräne Bewusstseinhaltung in allen Lebenslagen.

In den einzelnen Annäherungsprozessen sind die meisten jedoch phasenweise desorientiert und irritiert – solange bis sie neue Lösungsansätze gefunden haben.

Im täglichen Sprachgebrauch benutzen wir das Wort „irritieren" sehr häufig, ohne uns allzu große Gedanken über dessen Bedeutung zu machen. „Irritation" ist mittlerweile fast zu einem Schlagwort geworden, zu einem Codewort, das uns Zu- und Eingänge in Bereiche vermittelt, deren wir uns nicht so ganz sicher sind.

„Wir sind irritiert" – oder „wir irritieren" – eine exakte Abgrenzung nach der einen oder anderen Seite ist nicht möglich. Damit sichern wir uns eo ipso in unserer Kommunikation verschiedene Sichtweisen, die uns wiederum verschiedene Möglichkeiten eröffnen.

Irritationen lösen immer eine Veränderung aus, im Handlungsgeschehen, in der Planung, in einer vorher genau definierten Sicht der Dinge, in der Organisation, in der Kommunikation – und – und – und –

Somit sind neue Sichtweisen, neue Ideen und Denkmodelle gefragt, die ein Um- und Hinzulernen erfordern.

Bei jeder Irritation werden wir auf unsere Positionierung und
Basis als Mensch geprüft; damit ist eine Reflexion der Vergangenheit, der Gegenwart – und auch der Zukunft notwendig, die in dem speziellen Bereich der Störung, also der Irritation, eine neue Sichtweise auslösen.

Bei den Live-Interviews kommt dies sehr deutlich zum Ausdruck: Ereignisse, persönliche Eindrücke, Fakten und Sichtweisen werden den jeweiligen Umständen fließend angepasst – ein Prozess der ständigen Neuordnung, ohne die eigene Substanz aufzugeben!

Wir könnten hier auch von „positiven Irritationsstrategien"
sprechen (nach HEINZ J. KERSTING, Intervention in: Irritation als Plan, Aachen, 1991 und PAUL WATZLAWICK, 1976):

– Umdeuten der Situation
– Diagnose erstellen
– Fragen stellen
– Geschichten erzählen

Es sind sehr kreative Lösungsansätze, die neue Wege aufzeigen.

Umdeuten der Situation

Das Umdeuten einer Situation ist so, wie wenn man einem
Bild einen neuen Rahmen gibt – und siehe da, es ergeben sich
neue Sichtweisen, die vorher unsichtbar waren!

Zwei Beispiele von WATZLAWICK („Lösungen", 1974):

„Der Pessimist zum Beispiel spielt meist ein zwi-
schenmenschliches ‚Spiel', das darin besteht, zuerst den Optimismus der anderen zu mobilisieren und, sobald ihm das gelungen ist, auf ihren Optimismus sofort mit verstärktem Pes-
simismus zu reagieren, sodass sie dann entweder mit mehr

desselben Optimismus antworten oder ihre Bemühungen aufgeben, in welchem Falle der Pessimist einen weiteren Pyr-
rhussieg errungen hat. Dieses Spiel ändert sich drastisch in
dem Augenblick, in dem der andere sich pessimistischer als
der Pessimist selbst gibt."

Hier wurde also bewusst das ‚Spiel' unterbrochen, wenn nicht
sogar abgebrochen und dem Pessimisten der Boden unter den
Füßen weggezogen! Seine Irritation ist so nachhaltig, dass er
dieses Spiel nicht weiter führen kann – es sei denn, er ändert
die Bedingungen des Spiels selbst.

Ein weiteres Beispiel aus der Praxis:

„Ein Polizeioffizier, der für sein besonderes Talent bekannt
war, kritische Situationen auf ungewöhnliche Weise zu lösen,
war dabei, ein Strafmandat für eine geringe Verkehrsübertre-
tung auszustellen, als sich eine feindselige Menge um ihn zu
sammeln begann. Als er seine Amtshandlung beendet hatte,
war die Stimmung der Menge gefährlich, und es war keineswegs sicher, ob er zur relativen Sicherheit seines Streifenwa-
gens zurückkehren konnte. In dieser Situation kam ihm die
gute Idee, mit lauter Stimme zu verkünden: ‚Sie haben soeben
der Ausstellung eines Strafmandats durch einen Beamten Ihrer Stadtpolizei beigewohnt'. Und während sich die Umste-
henden bemühten, den tieferen Sinn dieser allzu offensichtli-
chen Verlautbarung zu ergründen, stieg er in sein Fahrzeug
und fuhr ab."

In diesem Falle wurde durch die verwirrende Selbstverständ-
lichkeit der Aussage ein Überraschungseffekt erzielt, der einen positiven Ausgang der Situation nach sich zog.

Wie oft werden im Management Situationen umgedeutet –
heute mehr denn je, vor allem in der Politik – um herannä-
hende Engpässe zu vermeiden, die Betroffenen nachhaltiger
zu motivieren und den Wechsel besser erklären zu können.

Diagnosen stellen

„Diagnosen erstellen heißt eine Wirklichkeit konstruieren"
(KERSTING, s.o).

Alle Managementberater kennen die Schwierigkeit, ihrem
Klienten neue Sichtweisen in der Sache nahe zu bringen. Als
außenstehende Beobachter des Geschehens sind sie sozusagen
nicht systemimmanent und kämpfen um Akzeptanz.

Bei genauem Hinsehen zeigt sich, dass erst die erstellte Diagnose eigentlich das Problem erschaffen hat, und somit eine
eigene Dynamik zur Lösung eben dieses Problems ausgelöst
wird.

Hiermit ergeben sich für den Berater neue Lösungsansätze.
Auch durch Provokationen – positiv besetzt – lassen sich
neue Wege für sich selbst, und andere einleiten.

Fragen stellen

ALBERT EINSTEIN sagte sinngemäß einmal, dass das Wichtigste das richtige Fragestellen sei. Denn allein die Frage entscheidet über die Antwort und die Richtung, die wir damit
einschlagen. Dies setzt allerdings genaue Kenntnis der Sach-
lage und Situation voraus – und vor allem Reflexion!

Die richtige Frage, zum richtigen Zeitpunkt, am richtigen Ort
kann Wunder wirken: Sie setzt sozusagen einen Punkt im
Kreislauf der Reaktionen, sie lässt aufhorchen und innehalten, kann Überraschungen auslösen, Erstaunen - und setzt so
einen Prozess in Gang, der neue Freiräume in sich birgt.

HEINZ J. KERSTING, Professor der Sozialpädagogik (s.o.) ver-
leiht dem Fragestellen besonderen Nachdruck im Kommuni-
kationsprozess. (s. auch ANDREAS PATRZEK, 2003)

Die Frage „Wozu"? provoziert neue Sichtweisen:

- Wozu halten Sie sich das Problem?
- Was haben Sie davon?
- Welchen Profit bietet Ihnen Ihr Problem?
- Was bringt es Ihnen für einen Nutzen im Hinblick auf Ihre Umgebung?
- Was wollen Sie eigentlich mit Ihrem Problem erreichen, vermeiden, nicht ans Tageslicht kommen lassen?

Wie funktioniert Ihr Problem?

- Wie leben oder kosten Sie Ihre problematische Situation aus?
- Wie genießen Sie Ihr Problem?
- Wie agieren Sie Ihr Problem aus?
- Wie heißt das Spiel, und welche Regeln hat wer für dieses Spiel festgelegt?

Die Zukunftsfrage

- Nehmen wir an, eine Zauberfee würde Ihnen augenblicklich alle Probleme abnehmen, was hätte sich dann geändert?
- Was müssten Sie am Ende der erfolgreichen Beratung tun, um die gleichen Probleme wieder zu erlangen?
- Kennen Sie dieses Gefühl aus anderen Situationen in Ihrem Leben?
- Können Sie für dies alles Beispiele geben?

Zum ernsthaften Erwägen dieser Fragen ist einiges Nachdenken erforderlich, um die Problemlage richtig zu erfassen, einzukreisen und letzten Endes zu entschlüsseln.

„Hinter all diesen Fragen steht die Überlegung, dass Probleme nur deshalb Probleme sind, weil sie als Probleme aufrecht

erhalten werden. Probleme werden einfach dadurch aufrecht-
erhalten, dass man sie als Probleme beschreibt. Beschreiben
wir das Problem nicht mehr als Problem, das heißt, haben wir
es umgedeutet, ist es kein Problem mehr. Lösungen des Problems finden dann statt, wenn ein Ratsuchender in Zukunft
irgendetwas anders sieht oder anders macht, was zu einer
größeren Zufriedenheit führt. Statt weiterhin die Aufrechter-
haltung seines Problems zu genießen und damit sein Leben zu
vermiesen, könnte eine Problemlösung darin bestehen, in Zukunft das Problem zu vermiesen und sein Leben neu zu genießen." (KERSTING)

Eine wahrlich gute Selbsthilfe im „schöpferischen Sprung" –
und vor allem ein Barrikade für die, die uns nachhaltig zu
stören wissen, weil sie die Veränderungen nicht mittragen
wollen!

Das Geschichtenerzählen

Wahrscheinlich kennen Sie alle die Fabel von der Schabe und
dem Tausendfüßler: Die kleine Schabe fragte eines schönen
Tages den Tausendfüßler, wie er es den fertig bringe, seine vielen Beine mit so vollendeter Eleganz und Harmonie zu bewegen. Der Tausendfüßler denkt über seine Antwort nach – und
siehe da, von diesem Augenblick an kann er nicht mehr gehen!

Das Phänomen ist uns bekannt: wenn Unbewusstes bewusst
gemacht wird, sind wir zuerst einmal in unserem Verhalten
blockiert.

Geschichten lassen eigene Interpretationen zu, eigene Identi-
fikationen, bestimmte Verknüpfungen und können so zu neu-
en Überlegungen und Einsichten führen. Und dies geschieht
sozusagen spielerisch, ohne ernsthafte Konsequenzen; es ist
einfach ein Gedanken- und Ideengebäude, in dem man ein-
und ausgehen kann.

Der Bestsellerautor STEN NADOLNY („Die Entdeckung der Langsamkeit") sagte einmal: „Aber vor allem, wenn wir ganz bewusst die eigene Geschichte erleben und vorleben, gewinnen wir viel. Schon Niederlagen werden erträglicher und zugleich beherrschbarer, wenn wir sie in eine Geschichte – mit möglichst positivem Ausgang – einzuordnen verstehen. Wer die eigene Vita, aber auch die Lebenskurve der Firma, des Wirtschaftszweiges, des Landes, der Menschenwelt insgesamt wie eine Story mit Anfang und Ende sehen kann, hat eine Perspektive, die zwar nicht die Verhältnisse, wohl aber sein Handeln sicherer macht. Wer ‚erzählerisch' wahrnehmen und entscheiden kann, wird Turbulenzen angstfrei für seine Reise nutzen können, statt ihnen zum Opfer zu fallen." (s. a. NEUBEISER, 1993)

Erfahrungen umsetzen und fortschreiben ist ein mehr als mühseliger Prozess – aber es ist wie bei allem: je mehr wir üben, desto spielerischer und mit leichter Hand können wir damit umgehen, denn es stehen uns sehr viele Möglichkeiten, unserer Natur entsprechend, zu Verfügung. Wir müssen nur die richtige Auswahl treffen!

Ein Live-Interview mit Professor GARRY HAMEL, London Business School, soll die Management-Praxis erhellen.

Interview mit Professor Garry Hamel (London Business School)

Wie oft wurden Sie in Ihrem Berufsleben bewusst oder unbewusst irritiert?

Ich bin jeden Tag irritiert. Denn wenn man erfolgreich sein will, ist man immer ungeduldig, alles will man vorantreiben und die Mitarbeiter denken nicht schnell genug. So bin ich mehr als einmal an einem Tag irritiert!

Und wie gehen Sie mit diesen Irritationen um?

Viele Dinge, die einen irritieren, tun das nicht immerfort – sie verschwinden wieder im Tagesgeschehen – und der Vorteil eines Akademikers ist die Fähigkeit, sich in diesem Fall anderen Problemen zuwenden zu können. Niemals wird man für zwanzig Jahre innerhalb einer Organisation am gleichen Platz stehen bleiben – und niemand setzt einem Termine! Diese akademische Fähigkeit hat sein Gutes. Irritationen können aber auch kreative Auslöser sein, um einen völlig anderen Gedankenweg einzuschlagen und einen neuen Ansatz zu bringen. Nennen wir es die originäre Innovation – wie ein Ährenkorn auf Sand oder die Perle in der Muschel – man tritt darauf, und etwas Großes kommt heraus!

Dann glauben Sie an mentale Irritationen? Um präziser zu sein: wissenschaftliche Irritationen – nicht Irritationen verwaltungstechnischer Art!

Interessanterweise sprechen die Leute – nach getaner Arbeit und Aufgabenstellung immer davon, ob die Arbeit richtig oder falsch war, und vor allem sprechen sie über eine neue, richtungweisende Perspektive, die bislang nicht da war. Wie kommt man nun zu einer solch neuen Perspektive? Es ist nicht eine Frage der persönlichen Irritation, vielmehr die wie auf einem Marktplatz. Ich liebe diesen Ort, wo auch immer auf der Welt – denn er lehrt einen sehr viel. Er zeigt einem, dass man gehalten ist, dieser Welt einen Teil wieder zurück zu geben in Form von sozialen Gesten, die zum Wohlstand aller beitragen. Aber nicht im Kleinen – das ist keine wirkliche Irritation! Um wirklich kreativ zu sein, darf man kein Imitator von anderen sein – weder in Wort, Tat noch Schrift! Manche Akademiker lesen alles, was ihre Kollegen geschrieben haben – ohne Ausnahme. Ich denke, dass man sich nicht damit belasten und mit einem weißen Papier ganz neu anfangen sollte!

Mit anderen Worten, Sie lieben die „einsame Irritation"! Die Irritation durch Sie selbst, nicht von anderen verursacht.

Ja – sozusagen durch die Sache selbst oder die Unfähigkeit, ein Problem lösen zu können. Ich habe eine sehr niedrige Toleranzgrenze – oder vielleicht ist es auch dies, dass andere nicht handeln, wo gehandelt werden sollte.

Brauchen Querdenker ihre ureigensten Irritationen, um kreativ zu werden? Was meinen Sie dazu?

Ja – man hat das unweigerliche Gefühl, dass da ein Problem ist, das gelöst werden muss. Sozusagen geht etwas in die falsche Richtung, was einer Korrektur bedarf. Diese Umstände zwingen zu neuen Gedankengängen.

Gehen wir nun zu Ihrem Gegenüber: Haben Sie nicht manchmal den Eindruck, dass Sie durch Ihre Erfahrung und Kompetenz Ihre Gesprächspartner ungewollt irritieren? Wie gehen Sie damit um?

Ich will Ihnen ein kleines Beispiel hierfür geben: Eines Tages kam in einer sehr großen Firma – ich will lieber keinen Namen nennen – der Chefstratege, für den ich arbeitete, zum Vorstand und sagte: „Boss, Garry ist so irritierend, er ist wie Sandpapier!" Und der Boss erwiderte: „Das ist genau der Grund, wofür wir ihn hier bezahlen!" Sie sehen, dass es wichtig ist, einen Irritator in Organisationen zu haben, der sozusagen Feuer legt und zu neuen Strukturen zwingt.

Genau dies ist der Punkt!

Um auf Ihre vorherige Frage nochmals zurück zu kommen: es ist natürlich entscheidend, ob ich durch persönliche Arroganz oder Nichtzuhören mein Gegenüber irritiere. In jedem Fall bedarf eine Organisation der kreativen Irritationen, um im Wandel bestehen zu können – und zwar durch eigenen Wandel!

Was halten Sie von einem „Management durch bewusste Irritation"? Und zwar, um zu neuen Ideen und Querdenken zu kommen!

Gut, wenn Sie an meine Präsentation heute morgen denken (auf einem Management-Kongress in der Alten Oper, Frankfurt) – dann waren da sehr viele uninteressierte Zuhörer. Man könnte das große Fürchten bekommen! Und doch sind einige anwesend, denen vielleicht an der einen oder anderen Stelle „ein Pfeil durchs Herz" ging und der Gedanke kam: „Ich sollte dieser Information näher nachgehen", oder „Ich sollte wirklich mehr arbeiten und mich ins Zeug legen". Man muss die Leute in einer angenehmen Weise aufrütteln, mit einem freundlichen Gesicht und in einer positiven Art und Weise – nicht durch Provokation!

Noch eine letzte Frage: Können Sie aus all dem bislang Gesagten insofern eine Konsequenz ziehen als Sie eine „Management-Regel der Irritationen" aufstellen – eine sogenannte Handlungsanweisung?

Ich denke, man sollte immer nach einer positiven Irritation in Person und Sache Ausschau halten – und zwar in einer wirklich angemessenen Form. Und was für mich ganz wichtig dabei ist, dass ich diese Irritation auf Daten begründen kann, dass sie nicht „aus der Luft gegriffen" ist! Wenn ich in einer Organisation als Unternehmensberater bin, suche ich so nach provokativem Datenmaterial, um zu neuen Ufern motivieren zu können.

Dies ist ein sehr gutes Schlusswort. Ich darf mich sehr herzlich für das Gespräch bedanken.

(Dieses Interview wurde auf Englisch geführt und von mir sinngemäß ins Deutsche übersetzt.)

Teil V
Die Sinnfrage

Seit einiger Zeit hören wir in der Management-Sprache eher „quiet words" (nach MINTZBERG) wie „Achtsamkeit", „Bescheidenheit" und „Vertrauen".

Nicht umsonst ist gegenwärtig das Buch von JOSEPH L. BADARACCO „Lautlos Führen – Richtig entscheiden im Tagesgeschäft" (2002) ein Bestseller, das uns unwillkürlich in seinen Bann zu ziehen weiß. BADARACCO, Professor für Managementethik an der Harvard Business School und Unternehmensberater, zeichnet eine Führungsvision auf, die uns das Herz höher schlagen lässt.

Seine Handlungsmaximen

– „Du weißt nicht alles"
– „Du wirst überrascht sein"
– „Behalte Insider im Auge"
– „Verstehe den Unterschied zwischen Realismus und Zynismus"

wollen zu mehr Einsicht verhelfen. Seine Forderung ist, die Welt in einen besseren Ort zu verwandeln mit:

– differenzierter Situationsanalyse
– differenzierten Motiven
– differenzierten Erfolgserwartungen
– differenzierten Ergebnissen.

Als Basis dieser umsetzbaren Forderung diente ihm eine Vierjahresstudie aus Lehre und Beratung mit insgesamt 150 Fallbeispielen. Er drückt es mit einfachen Worten aus:

„Lautlos führen beinhaltet mehr als eine Reihe praktischer Lösungsansätze. Es ist eine Geisteshaltung, die Menschen, Organisationen und wirkungsvolles Handeln betrifft. Es ist ein Verständnis
vom Lauf der Dinge und die Suche nach dem Weg zur größtmöglichen Wirkung. Und auf bescheidene Weise ist lautloses Führen
auch ein Glaubensbekenntnis: Ausdruck des Vertrauens auf das Un-
scheinbare, von dem Albert Schweitzer sprach. Diesen unausge-
sprochenen Glauben teilen lautlos Führende mit den Großen der
Geschichte: Auch sie haben die längste Zeit im Stillen gearbeitet, geduldig Jahre und Jahrzehnte gewirkt und die Basis für ihre bewun-
derten Errungenschaften gelegt.

Lautlos Führende sind realistisch. Sie setzen alles daran, die Welt
vorurteilsfrei zu sehen, und sind mit einer Art siebtem Sinn begabt,
mit dem sie Vorkommnisse verschiedener Art wahrnehmen. Lautlos Führende betrachten die Welt eher als Kaleidoskop denn als ordentlich aufgehängte Zielscheibe."

BADARACCO benennt drei „lautlose Tugenden", die weder
spektakulär noch außergewöhnlich sind und auch nicht für
Ausnahmemenschen oder Ausnahmesituationen gelten:

– *Zurückhaltung.* „Innehalten und warten fördern Nach-
denken, Aufspüren von Nuancen, Vertiefen in Zusam-
menhänge und das allseitige Abklopfen von Ereignissen."
Hier wird durch Selbstbeherrschung und Klugheit der Zeit
Raum gegeben, ohne das eigentliche Geschehen aus den
Augen zu lassen.

– *Bescheidenheit* in dem Bewusstsein, die Welt nicht ändern
zu können, „aber Spuren im Sand zu hinterlassen".

– *Beharrlichkeit* als Gegenstück zu Zurückhaltung und Bescheidenheit – alle drei Eigenschaften in der richtigen Ba-
lance zeitigen Erfolg. Lautlos Führende „legen ihr politi-
sches Kapital gut an. Sie klopfen die Sache von allen Seiten
ab, probieren Ideen aus und lassen die Dinge langsam es-
kalieren. Sie suchen, wenn nötig, Schlupflöcher, um Regeln
zu umgehen. Sie sehen in Kompromissen die hohe Kunst
des Führens und ein Zeichen für höchste Kreativität."

Um schöpferisch sein zu können, brauchen wir – wie in den Interviews immer wieder zum Ausdruck kam (SOLTAU, BRAUNFELS, SCHÖNBÄCHLER) – eine gewisse innere Freiheit und den Mut für Neues, Unwägbares. Erfahrungen werden umstrukturiert, innere Bilder werden verändert und enger Kontakt zu den eigenen Gefühlen aufgenommen, denn „jede außergewöhnliche Situation, in der das Leben in Gefahr ist, enthält paradoxerweise auch ein Lebenspotenzial. Es ist, als würde es durch eine unsichtbare Feder zusammen gehalten, die es uns ermöglicht, den Schicksalsschlag wie ein Trampolin zu benützen, und wieder hoch zu springen. Mangel wird in Fülle, Schwäche wird in Kraft verwandelt, aus dem Unglücklichen wächst eine Vielzahl von Möglichkeiten" (CYRULNIK, 2001).

BORIS CYRULNIK, Neurologe und Psychotherapeut, Professor für Verhaltenstheorie an der Universität Toulon und französischer Bestsellerautor, spricht aus Erfahrung, wenn er von dem bislang wenig definierten Begriff „seelische Stabilität" spricht, die bei Krisensituationen mehr denn je notwendig ist. „Mein Buch lässt sich auch nur mit zwei Worten beschreiben: ‚Sprungfeder' und ‚elastisches Gewebe'. Das Bild der Feder steht für die seelische Spannkraft, und das elastische Gewebe veranschaulicht die Art und Weise, wie man auf eine schwierige Situation so flexibel reagiert, dass man sie übersteht, so wie die beschädigte Ikone ein Gleichnis für die Innenwelt der verletzten Sieger ist. Betrachten wir also in Zukunft das Unglück mit anderen Augen und begeben uns trotz aller Leiden auf die Suche nach dem Wunderbaren."

Nicht zu vergessen ist das Moment der Gelassenheit, die Fähigkeit, souverän mit Menschen und Dingen umzugehen. Gelassenheit erwächst aus der Stille, in der man sozusagen von sich selbst zurück tritt und auf das Bild seines Lebens schaut (RICHARD J. LEIDER, 1997).

„We are all on a spiral path. No growth takes place in a
straight line. There will be setbacks along the way ... There
will be shadows, but they will be balanced by patches of light
... Awareness of the patterns is all you need to sustain you
along the way." (KRISTIN ZAMBUCKA)

Das eigentliche Leben setzt sich aus einer Folge richtig ge-
stellter Fragen zusammen, und deren authentischer Beant-
wortung, wie folgendes Bild zeigt:

Abb. 16: Sinnfragen (nach LEIDER, 1997)

Eine Frage erwächst aus der anderen und mündet in einer lebendigen Verkettung der Antworten. Die Frage nach dem
Sinn stellt sich in jeder Phase unseres Lebens ein wenig anders
– je nach Lebensumständen – aber je näher wir der Sinnfra-
ge sind, desto mehr sehen wir die verschiedenen Muster, nicht
nur für uns, sondern auch für die, die mit uns in Beziehung
sind oder waren. Wir sehen den kreativen Weg und den Prozess, der uns dorthin gebracht hat, wo wir heute sind.

Literaturverzeichnis

Bücher

BACHMANN, WINFRIED: NLP – wie geht denn das? Jungfermann Verlag, Paderborn, 2001.

BADARACCO, JOSEPH, L.: Lautlos führen, Gabler, Wiesbaden, 2002

BARDMANN, THEODOR, M.: Irritation als Plan, Schriften des Instituts für Beratung und Supervision, Bd. 7, 1991.

CERNY, THOMAS: Talente nutzen – erfolgreich sein, Hanser, München, Wien, 2002.

CHRISTIANI, ALEXANDER: Weck den Sieger in dir! Gabler, Wiesbaden, 2000.

CUTLER, HOWARD C.: Dalai Lama, Die Regeln des Glücks, Bastei Lübbe, 5. Auflage 2002.

CYRULNIK, BORIS: Die Kraft, die im Unglück liegt, Goldmann, München 2001.

DECKER, FRANZ: Alles beginnt im Kopf – Mindfitness für jedermann, Lexika, Krick Fachmedien, Würzburg 1999.

FORNER, ROSETTA: NLP – Der Schlüssel zum Erfolg, Logophon Verlag und Bildungsreisen GmbH, Mainz, 2001.

GALLEN, MARIA-ANNE: Das Enneagramm unserer Beziehungen, Rowohlt, Reinbek, 7. Aufl., 2002.

GEUS, ARIE DE: The living company, Nicholas Brealy Publishing, London, 1999.

HEGE, RUDOLF: Die Faszination erfolgreicher Kommunikation, expert, Renningen, 2. Aufl. 2001.

HENKEL, HANS-OLAF: Die Ethik des Erfolgs, Econ, Düsseldorf, 2002.

KAST, VERENA: Der schöpferische Sprung, Deutscher Taschenbuchverlag, München, 10. Aufl. 2002.

KERSTING, HEINZ J.: Irritation als Plan, Aachen, 1991.

KRAUTHAMMER, ERIC: Wettbewerbsvorteil Einzigartigkeit, Hanser, München, Wien, 2002.

LANGE, KLAUS: Wie du denkst, so lebst du, Kreuz, Stuttgart, 2000.

LEIDER, RICHARD J.: The Power of Purpose, Berrett-Koehler Publishers, Inc., San Francisco, 1997.

LUNDIN, STEPHEN C.: Noch mehr Fish! Ueberreuter, Frankfurt, Wien, 2002.

McDERMOTT, IAN: NLP für die Management-Praxis, Jungfermann, Paderborn. 1999.

MELLENDER, KLAS: The Power of Learning; Book Press, USA, 1993.

MELLO, ANTHONY DE: Der springende Punkt, Herder, Freiburg, Basel, Wien, 2002.

MEY HANSJÜRG: Absturz im freien Fall – Anlauf zu neuen Höhenflügen, Publikation der Akademischen Kommission der Universität Bern, vdf Hochschulverlag AG, ETH Zürich, 2001.

MEYER, -FANKHAUSER, NELLY: Wirtschaften ist weiblich – vernetzt denken auch, eFeF-Verlag, Bern 2000.

MINTZBERG, HENRY: Mintzberg on management, The Free Press, New York, London, Toronto, Sidney, Singapore, 1989.

NEUBEISER, MARIE-LOUISE: Management-Coaching, Orell Füssli, Zürich, 1990.

NEUBEISER, MARIE-LOUISE: Führung und Magie, Orell Füssli, Zürich, 1992.

NEUBEISER, MARIE-LOUISE: Die Logik des Genialen, Gabler, Wiesbaden, 1993.

ORTEGA Y GASSET, JOSÉ: Das Wesen geschichtlicher Krisen, Deutsche Verlags Anstalt, Stuttgart, 1951.

PALMER, HELEN: Das Enneagramm, Droemersche Verlagsanstalt Th. Knaur Nachf., München, 2000.

PALMER, HELEN: Das Enneagramm im Beruf, Droemersche Verlagsanstalt Th. Knaur Nachf., München, 2000.

PATRZEK, ANDREAS: Fragekompetenz für Führungskräfte, Rosenberger Fachverlag, Leonberg, 2003.

RÜEGG, JOHANN CASPAR: Psychosomatik, Psychotherapie und Gehirn, Schattauer, Stuttgart, New York, 2001.

WATZLAWICK, PAUL: Wie wirklich ist die Wirklichkeit? Piper, München, Zürich, 1976.

WATZLAWICK, PAUL: Die erfundele Wirklichkeit, Piper, München, Zürich, 1991.

WELCH, JACK: Was zählt, Econ, München, 2002.

ZELLWEGER, HANSRUEDI: Lifeguide, moderne industrie, Landsberg - München, 2002.

Laufende Publikationen

GDI Impuls – eine Publikation des Gottlieb Duttweiler Instituts für Entscheidungsträger in Wirtschaft und Gesellschaft, Rüschlikon, 1999, 2000, 2001, 2002 und 2003.

Harvard Business Review, Boston, 2000, 2001, 2002 und 2003.

MQ – Management und Qualität, Bern, 1999, 2000, 2001, 2002 und 2003.

Wirtschaftswoche, Pflichtblatt der Wertpapierbörse in Frankfurt und Düsseldorf, Düsseldorf. 1999, 2000, 2001, 2002 und 2003.

Einmalige Dokumentationen (Kongresse, Foren)

Accenture, Frankfurt: Studie zu „Frauen in Führungspositionen", präsentiert bei der Internationalen Konferenz „WorldWomenWork" in Berlin, Februar 2002.

Euromanagement: The 10th International Organisational Learning Forum, London, Februar 1999.

Identity Foundation, Düsseldorf:
„Quellen der Identität", 2001.
„Quellen der Identität einer neuen Wirtschaftselite", 2002.

InnoVatio, Bonn: 18. InnoVatio - Zukunftswerkstatt „Chancen Management – Tools für die interne und externe Kommunikation", Vevey, Oktober 2002.

SIETAR, Budapest: internationaler Kongress „Diversity", Budapest, Mai 2003.

ZfU-Alumni-Organisation, CH-Thalwil: „Das kreative Potenzial unserer Schwächen", Ein Tag mit Abt Dr. Daniel Schönbächler, Zürich, Januar 2003.

Zeitschriftenaufsätze in:

GDI Impuls.

Die Welt
Vom 20.04.2003: Auf der Suche nach der Familie (Matthias Horx).

Wirtschaftswoche
Vom 19.12.2002: Leidenschaftlich lieben (Jürgen Mülder).
Vom 30.01.2003: Geheimnis der Freiheit (Reinhard K. Sprenger).

Stichwortverzeichnis

Zur Autorin

Dr. Marie-Louise Neubeiser ist freie Wirtschaftsjournalistin und seit 1985 Inhaberin einer Agentur mit dem Schwerpunkt Management. Sie ist spezialisiert auf Management-Trends und internationale Kongressberichterstattung. Außerdem Vortrags- und Seminartätigkeit.

Als Diplom-Volkswirtin und Doktor der Betriebswirtschaft war sie nach ihrem Studium in Stuttgart, Zürich, Göttingen und Heidelberg viele Jahre als Journalistin bei der Fachpresse tätig, sodann als Pressereferentin für verschiedene Organisationen (ICI, Verband der Flughäfen, Diakonie u. a.). Des weiteren Banktätigkeit in New York, N.Y.

Neben vielen Publikation im In- und Ausland ist Marie-Louise Neubeiser vor allem als Autorin von drei Management-Fachbüchern bekannt:

Management-Coaching, Zürich 1990
Führung und Magie, Zürich 1992
Die Logik des Genialen, Wiesbaden 1993.

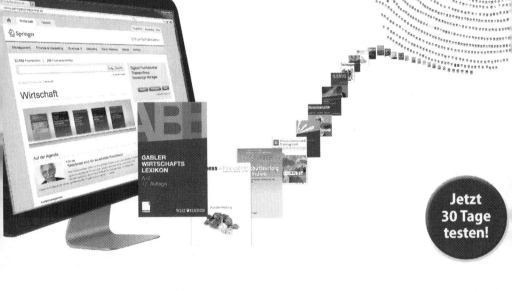